Eduard Engel
Lord Byron

SEVERUS Verlag

Engel, Eduard: Lord Byron. Eine Autobiographie nach Tagebüchern und Briefen. 2010
ISBN: 978-3-942382-99-1

Ergänzendes Vorwort: Esther Gückel

Umschlaggestaltung: SEVERUS Verlag

Bibliografische Information der Deutschen Nationalbibliothek: Die Deutsche Nationalbibliothek verzeichnet diese Publikation in der Deutschen Nationalbibliografie; detaillierte bibliografische Daten sind im Internet über https://dnb.de abrufbar.

Der SEVERUS Verlag ist ein Imprint der Bedey & Thoms Media GmbH, Hermannstal 119k, 22119 Hamburg

SEVERUS Verlag, 2010
http://www.severus-verlag.de
Gedruckt in Deutschland
Der SEVERUS Verlag übernimmt keine juristische Verantwortung oder irgendeine Haftung für evtl. fehlerhafte Angaben und deren Folgen.

Eduard Engel

Lord Byron
Eine Autobiographie nach Tagebüchern und Briefen.

MIX
Papier aus verantwortungsvollen Quellen
Paper from responsible sources
FSC® C105338

Vorwort

Lord Byrons Autobiographie zeichnet das Leben eines Rebellen, eines Außenseiters, der – folgt man Aussagen seiner Lehrer – bereits als Kind eine außerordentliche Begabung vorweisen konnte, doch überaus schwer zu leiten war. Anhand der Tagebucheinträge und Briefe Byrons wird deutlich, dass diese romantische Künstlerpersönlichkeit eine überaus faszinierende Vielschichtigkeit in sich birgt, der man Unrecht tut, komprimiere man sie ausschließlich auf ein wüstes, umherschweifendes Leben. Sie umfaßt vielmehr eine ins Extrem getriebene Gegenüberstellung konträrer Charaktermerkmale. Einerseits leidenschaftlich und aufbrausend, rücksichtslos und unbeherrscht, andererseits jedoch schüchtern und umgeben von einer tiefgreifenden Melancholie.

Programmatisch für Byrons Leben war seine Einsamkeit, die er stets hinter seiner zügellosen Lebensweise zu verbergen verstand, ihm jedoch unabhängig von seinem Ruhm ein ständiger Begleiter war. So schrieb die Edinburgh Review einst über ihn: „In der Einsamkeit entströmt seinem Geiste dasjenige, welches durch alle Winde des Himmels verbreitet wird." Er kehrte der Welt den Rücken zu und der verfallenen Moral überdrüssig geworden, schwelgte er in Melancholie, die ihm die Möglichkeit bot, sich von blinden Lebensimpulsen zu befreien, die doch nichts als

Leiden zeitigen.

Wie Nietzsche über die Griechen schrieb, sie hätten sich einen Zauberberg geschaffen um vor den Schrecken des Daseins zu fliehen, begegnet es uns allen zeitweise, „dass wir uns zur Ruhe legen und ein milder Schlaf uns in das Reich der Träume entführt, in denen wir von den Sorgen der Realität entrückt ein anderes Dasein erfahren können." Lord Byron hingegen entflammte durch das Schreiben. Es war sein Weg, sich von den Beschwerden der Wirklichkeit zu lösen, denn „während er ein Leben voll Ärger und Kummer, und zugleich voll weltlicher Zerstreuung und Ausschweifungen in den nebligen Straßen von London führte, weilte sein Geist mit seinen tiefsten und innigsten Gedanken und Eingebungen im sonnigen Süden." Seine Reisen, zu denen er erstmals als Volljähriger aufbrach, waren Ausdruck seiner Einsamkeit – durch diese wurde sie öffentlich sichtbar. Denn in einer Zeit, als seine Landsleute sich von ihm abwendeten, seine Persönlichkeit und seine Schriften den Reiz der Neuheit verloren hatten, wurde er zu einem Verbannten und doch fand er in den Ländern, die er bereiste, Inspirationen für seine Dichtung, Anregungen für seine Phantasie und entwickelte sein Engagement für die griechische Unabhängigkeitsbewegung. Wie Rilke bereits sagte: „Wer von draußen kommt, aus dem großen Wind, der bringt Weite herein in die Stube."

Als Mensch der Gesellschaft kritisch und ablehnend gegenüberstehend, lebte er als Dichter doch in einer Art von Sympathie mit der öffentlichen Meinung. Er war demnach nicht das autarke Individuum, sondern erkannte die Kritik an seinem Werke an. Dennoch verhinderte seine Außenseiter-Position das Herabsinken seiner Kunst zu einer Funktion gesellschaftlicher Bedürfnisse. Byron hatte nicht das Ziel, gesellschaftliche Veränderungen herbeizuführen – und doch wäre es zu simpel, ihm die reine Erfüllung persönlicher Bedürfnisse zu unterstellen. Sein schöpferisches Grundprinzip ist die Selbstpreisgabe, die mystagogische Selbstinszenierung sowie das Entblößen und Aufarbeiten von Gefühlen. Es handelt sich um eine Entlarvung und Ergründung seiner individuellen Problematik, darüber hinaus jedoch auch um deren literarischen Umformung sowie der Erweiterung ins Allgemeingültige. Die einzelnen Figuren seiner Werke zeigen die Konzentration um das Innere des Dichters, und doch gibt es eine Individualisierung der Berührungsstellen.

Das Schreiben stellt somit ein Korrektiv seiner bürgerlichen Existenz dar und ist gleichermaßen als ein Bewußtseins- und Erkenntnisvorgang zu werten – hier fand er des Lebens Fülle und Überfluß, hier fand er das Leben, das in der Sehnsucht war, im Schmerz, im Wahnsinn und in der Angst, in Verlust und im Gewinn. Er entdeckte das Vertieftsein in sich selbst, unbeeinflußt von der Welt, an der er nicht teilnahm.

Byron empfand sich selbst als unglücklichen Menschen, dessen Herz verbogen, verrenkt und mit Füßen getreten wurde. Er verabscheute die Welt und deren verfallene Moral, beschrieb die Gesellschaft als „verfeinerte Horde, die sich aus zwei Stämmen zusammensetzt: Den Langweilern und den Gelangweilten." Und doch ist es für sein ganzes Wesen, für seine Art zu dichten und empfinden, höchst charakteristisch, die äußerlichen Gegebenheiten und sich selbst über seinen Werken zu vergessen und sich in das Reich der Poesie zu flüchten. Und obwohl die harte Gegenwart in seinen Werken steckt, wie eine harte Knospe in ihnen ruht, geht keine Anklage von ihnen aus – seine Kunst wendet sich nicht an die Welt und zielt nicht auf die Aussöhnung aller ihrer Widersprüche. Unter Byron, der Worte wie Dinge empfand, wurden ebendiese plastisch – sie begannen zu atmen und zeugen von der Glut und dem Sturm den seine Gedanken heraufbeschworen. Es ist wie in Zimmern, in denen sich vieles ereignet, Freudiges und Banges, Schweres und Erwartungsvolles. Man fühlt seine unbegrenzte Hingabe an das Vorhandene, seine Ehrfurcht vor jedem Wort.

Es ist kaum vorstellbar, welch ein maßloses Herz er brauchte, um gegen die ungeheure Mauer anzurennen, die er selbst mithalf aufzubauen.

Denn während Byron mit seiner Dichtung einen hohen Platz in der englischen Literatur einnehmen konnte, wurde er als Person nicht nur bewundert, sondern oftmals ob seines eitlen, eifersüchtigen Temperaments gefürchtet und erhielt aufgrund seines unsteten Lebenswandels den Ruf eines Mannes von zweifelhafter Moral.

Man darf allerdings nicht vergessen, dass genau dieser Lebenswandel Byron zu einer Lyrik höchsten Stils beflügelte, er gerade auch durch ein Moment überströmender Leidenschaft für seine Cousine Margarethe Parker das erste Mal zum Dichten die Feder angesetzt hat.

Er führte einen lebendigen Seelenkampf und mußte dennoch vor dem Ausgleich mit sich und der Welt, vor seiner geistigen Überlegenheit und der sozialen Unterlegenheit resignieren. Seine Deklassierung, seine Bewußtheit über das Leiden hat dennoch – oder vielleicht deswegen – die Frucht der Schönheit hervor gebracht. Das Werk eines Seelenbegabten, das durch Sensitivität, Hingebung, Kunstleichtigkeit, Schönheit und Leidenschaft auf ein erstaunliches und faszinierendes Schöpferleben verweist.

Esther Gückel

Inhaltsverzeichnis:

Einleitung. 15

Lord Byrons Jugendliebe. 31

Erziehung. 33

Jugendfreundschaften. 34

Mary Chaworth. 35

Der Traum. 37

Lord Byrons Erstlingsgedichte. 46

Lord Byron als Student. 47

Lord Byron und die Kritik. 49

Kritische Feuertaufe. 51

Wanderjahre. 51

Lord Byron bei Ali Pascha in Albanien. 53

Der Moralist im Türkenlande. 55

Aus Griechenland. 57

Der Dichter und sein Ahnenschloss. 59

Heimkehr. 61

Der Tod der Mutter. 62

Aus Lord Byrons Testament. 62

Aus Lord Byrons erster Parlamentsrede. 63

Lord Byron über Napoleon. 66

Noch einmal die Edinburgh-Review. 67

Zukunftspläne. 68

Lord Byron über die Ehe. 70

Kritiker und Schriftsteller. 71

Lord Byron über seine zukünftige Frau. 72

Politik. 73

Pessimismus. 74

Die Tragödie. 76

Aussichten und Pläne. 77

Frauenmacht. 79

Lord Byron über Napoleon. 81

Ein Tag aus Lord Byrons Leben in London. 82

Schlußworte des ersten Tagebuchs. 84

Lord Byron über seine bevorstehende Verheiratung. 85

Abschiedsgruss an die Narrheit. 87

Nach der Verheiratung. 88

Reisepläne. 90

Nach der Trennung von seiner Frau. 91

Über seine Ehe. 92

Über das Benehmen gegen seine Gattin. 94

Die Engländer in der Schweiz. 95

Ende von Byrons Schweizerreise. 96

Aus Mailand. 97

Reisen in Oberitalien. 99

Lord Byron in Venedig. 101

Lord Byrons 2. Januar.. 104

Zu Venedigs Sittengeschichte............................ 105

Abenteuer in Venedig. 107

Marianna.. 112

Honorar für den IV. Gesang von Childe Harold.... 113

Lord Byron über die zeitgenössische Poesie
Englands. 115

Über die Entstehung des Manfred. 116

Venetianische Liebschaften und kein Ende. 117

Lord Byron als Vater. 118

Die schlechten Übersetzer. 119

Lord Byron über sein häusliches Unglück......... 120

Lord Byron über Sheridan. 122

Margarita Cogni, la Fornarina. 123

Die Moral des Don Juan und der Beifall der
Menge. 132

Byron's erste Begegnung mit Teresa Guiccioli...... 135

Für die Gräfin Teresa Guiccioli............................. 136

Lord Byron im Exil. 139

Worte in ein Buch der Gräfin Guiccioli geschrieben. 142

Vanitas vanitatum.. 143

Lord Byron als Cicisbeo... 144

Byrons Haß gegen die Unterdrücker Italiens. 145

Deutsche Zeitungen über Lord Byron. 146

Graf und Gräfin Guiccioli. 147

Faust und Manfred. 149

Lord Byron und seine Tochter Ada........................ 150

Don Juan und Childe Harold. 151

Widmung des „Marino Faliero" an Goethe........... 152

Antwort auf die Angriffe der englischen Presse gegen seine ehelichen Verhältnisse. 156

Byrons Haß gegen die Österreicher....................... 159

Fragment einer Novelle. 159

Die Stellung der Frauen... 162

Marino Faliero... 162

Über Deutschland und deutsche Literatur. 163

Ruhm bei den Antipoden. 166

Geburtstagsbetrachtungen. 167

Lord Byrons Grabschrift auf sein 33. Lebensjahr. . 169

Leben und Tod. 169

Menschenliebe. 170

Pläne zu Tragödien. 173

Furcht und Hoffnung. 174

Lord Byron, der Wohltäter Italiens. 175

Über Schlegels Dantekritik. 176

Selbstkenntnis. 177

Angriffe auf Lord Byrons „Cain". 178

Lord Byron und die Italienische Bewegung. 180

Lord Byron über das Drama. 183

Don Juan. 185

Gegen die Aufführung des Marino Faliero. 186

Lord Byron und sein Verleger. 188

Der Plan des Don Juan. 189

Byrons Protest gegen die Aufführung seiner Dramen. 190

Byron und seine Tochter Allegra. 192

Über den Tod von John Keats. 193

Briefliche Causerie. 196

Prosa oder Poesie. 196

Die höhere Gesellschaft in Europa. 197

Enthusiasmus für Lord Byron. 199

Weitberühmt auf Erden. 200

Don Juan in Gefahr. 203

Sardanapalus. 204

Nach Pisa. 205

Über Cain. 206

Melancholie. 207

Der Dichter-Lord. 209

An Lady Byron. 212

Vorgefühl des frühen Todes. 214

Die Bibel. 215

Byrons Pessimismus. 216

Wiederbegegnung mit einem Jugendfreunde. 217

Über Cain. 219

Der „menschenfeindliche" Byron 221

An Lady Byron. 223

Ein Priester an Lord Byron. 226

Lord Byrons Antwort. 227

Byron und Napoleon. 229

Byrons Familie. 230

An Walter Scott. 231

Lord Byron und der Hofpoet Southey. 234

Rem! 236

Über Cain. 238

Lord Byron und Thomas Moore. 239

Der Dichter und die Welt. 240

Unsterblichkeit der Seele. 242

Über den Katholizismus. 243

Allegra's Tod. 245

Allegra's Begräbnis. 246

Ruhm in Amerika und Deutschland. 247

Leichte Produktion. 249

Die „Vision". 250

Ansiedlungspläne in Süd-Amerika. 251

Fortsetzung des Don Juan. 252

Lord Byron, der Wohltäter. 253

Ada's Geburtstag. 254

Don Juan. 255

Lord Byron über seine Lahmheit. 256

Die Abfahrt nach Griechenland. 257

Yussuf Pascha. 259

Für die Freiheit Griechenlands. 260

Humanität im Kriege. 261

Proklamation der Provisorischen Regierung von
Westgriechenland nach Lord Byrons Tode. 262

Ein griechisches Lied auf Lord Byrons Tod........... 263

Nachgelassene Tagebuchblätter. 264

Lord Byrons letztes Gedicht. 274

Einleitung.

> Gerechtigkeit wird man an mir erst üben,
> wann die Hand, die diese Zeilen schreibt,
> so kalt sein wird wie die Herzen, die mich
> im Leben verwundet haben.
>
> Lord Byron

Lord Byron ist der Dichter, welchem die literarischen Bewegungen unsres Jahrhunderts ihren nachhaltigsten Anstoß, die lauten Wortführer der „jungen Ideen" ihre Parole verdanken. Mögen auch die selbstgefälligen Schüler bald des einstbewunderten Meisters vergessen und ihn zu einem ihrer vielen überwundenen Standpunkte machen, — wer genauer zusieht und sich nicht von dem zudringlichen Bekenntnis der „gänzlichen Originalität", der „urwüchsigen Selbständigkeit" irre leiten läßt, wird sehr leicht herausfühlen, wie gewaltig der Einfluß des großen britischen Dichters auf seine Nachahmer unter allen Nationen gewesen ist.

Nur ein zweifelndes Lächeln vermag daher z. B. Heine uns abzuzwingen, wenn er uns mit der eiteln und auf Selbsttäuschung beruhenden Versicherung überraschen will, „wie glücklich er sich fühle, daß er kein Nachbeter, oder besser gesagt Nachfrevler Byrons sei, daß sein Blut nicht so spleenisch schwarz und seine Bitterkeit nur den Galläpfeln seiner Dinte zu verdanken sei." — Eher schon wollen wir Heine Glauben schenken, wenn er beteuert: „Von allen großen Schriftstellern ist Byron just derjenige, dessen Lektüre mich am unleidlichsten berührt." Der Grund zu dieser unangenehmen Empfindung Heines bei der Lektüre der Werke Byrons liegt ungefähr da, wo auch Byrons zur Schau getragene Abneigung gegen Shakespeare zu suchen ist: in der geheimen Furcht vor dem ebenbürtigen oder überlegenen Nebenbuhler, dessen blendender Ruhm eigenen Unsterblichkeitsgelüsten hinderlich in den Weg treten möchte.

Kaum dürfte in einem zweiten Falle die Wankelmütigkeit des Urteils der Welt sich so handgreiflich zeigen wie in dem ungeheuren Umschwung, der sich in der Beliebtheit Byrons während des halben Jahrhunderts nach seinem Tode vollzogen hat. Bei seinen Lebzeiten der Held des Tages, der Gegenstand des Gesprächs für ganz Europa, der einzige zeitgenössische Dichter, dessen unvergleichliche Größe selbst Goethe unumwunden anerkannte,[1] — bis zu einer gewissen Zeit nach seinem Tode noch immer der tiefbetrauerte, schwärmerisch bewunderte und nachgeahmte Genius. — Und heute darf man dreist behaupten, daß keiner von den Dichtern ersten Ranges so wenig bekannt, so wenig gelesen, so

---

[1] „Byrons Talent ist inkommensurabel" — heißt es in Goethes Gesprächen mit Eckermann.

falsch beurteilt, so sehr zur Mythe geworden ist, wie Lord Byron.

In seinem eigenen Vaterlande gilt er als der Typus des hassenswerten Atheisten, eines Menschen, der sich außerhalb der geheiligten Schranken der guten Sitte oder wenigstens der englischen Moral bewegte, — und das genügt natürlich, ob bewiesen oder nicht, um die Mehrzahl der Engländer mit einem geheimen Grauen vor dieser fremdartigen Erscheinung zu erfüllen. Er soll ja sogar ein Drama „Cain" geschrieben haben, — das muß doch etwas gar Erschreckliches sein. Ob dieser „Cain", abgesehen von seinem höheren Werte als Dichtung, nicht auch religiös viel harmloser sei als Miltons „Verlornes Paradies", — das zu untersuchen geben sich die Frommen im Lande gar nicht einmal die Mühe. Der Dichter des „Cain" kann nicht viel besser gewesen sein als sein Held, — so argumentieren sie mit der wohlfeilen Logik der Borniertheit.

Man darf sich daher nicht zu sehr verwundern über das Resultat der jüngst stattgehabten Abstimmung der Vertreter der Stadt London über die Frage, ob dem Dichter eine Bildsäule in der Metropole zu errichten sei. Zwar ging der dahin zielende Antrag durch, aber doch nur mit einer so gelingen Majorität, daß darin kaum eine Berechtigung für die Ausführung des Planes zu finden ist. Noch heute gelten also des Fürsten von Pückler-Muskau Worte: „Lachen muß ich immer über die Engländer, die diesen ihren zweiten Dichter (denn nach Shakespeare gebührt Byron die Palme) so jämmerlich spießbürgerlich beurteilen, weil er ihre Pedanterie verspottete, sich ihren Krähwinkelsitten nicht fügen, ihren kalten Glauben nicht teilen wollte, ihre Nüchternheit ihm ekelhaft war, und er sich über ihren Hochmut und ihre Heuchelei beklagte. Viele machen schon ein Kreuz, wenn sie nur von ihm sprechen, und selbst die Frauen, obgleich ihre Wangen von Enthusiasmus glühen, wenn sie ihn lesen, nehmen öffentlich heftig Partei gegen den heimlichen Liebling."

Und nun in Deutschland? Zwar weiß hier Jeder aus dem Faust, daß Goethe in der Gestalt des Euphorion seinem großen Mitstreber Lord Byron ein dichterisches Denkmal dauernder als Erz gesetzt hat, Viele kennen auch eine oder die andere Übersetzung von Byrons dichterischen Werken, — aber Allen gilt Byron der Mensch für ein geheimnisvolles Wesen, dem grausiger Verdacht die schlimmsten Taten anheftet.

Nicht wenig haben in Deutschland zu der ungerechten Beurteilung des größten Dichters des Jahrhunderts die unberufenen Federn von Historikern beigetragen, die mit echtdeutscher Vielseitigkeit und leider daraus folgender Oberflächlichkeit sich ermächtigt glaubten, ohne gründliche Kenntnis von Byrons Werken, ohne die geringste Berücksichtigung seines großen Briefwechsels und umfangreicher Tagebücher, die gemeinsten Verdächtigungen der persönlichen Ehre des Dichters in die Welt zu schleudern.

Wenn solche Leute in Lord Byron den Prügeljungen einer ganzen Partei abzustrafen suchen, mag ihnen das so lange hingehen, als sie der Wahrheit die Ehre geben und nichts in Byrons Charakter hinein interpretieren, was sie nicht auch aus seinen eigenen Schriften herausinterpretieren können. Wenn sie aber die Geschichte fälschen und dem größten Dichter dieses Jahrhunderts die gemeinste Felonie[2] vorwerfen, um den persönlichen Charakter des Mannes zu schwärzen, dessen Wert als Poet sie gar nicht zu begreifen im Stande sind, so ist kein Ausdruck der Entrüstung stark genug, um dergleichen frivole Verdrehungen der historischen Wahrheit seitens privilegierter Wortführer zu brandmarken.

Ein Anderer, dem man bei seiner Kenntnis der englischen Sprache doch zutrauen konnte, er

---

[2] Z. B. schreibt v. Treitschke wörtlich in seinem Aufsatz „Lord Byron und der Radikalismus", p. 342: „Das Eine muß auch der Mildeste als abscheulich und würdelos verdammen, daß er (Byron) mit seiner Gemahlin wieder anzuknüpfen suchte — in demselben Augenblicke, da er in den Armen der Gräfin Guiccioli zum ersten Male eine ächte, reine Liebe fand," — Für diese Behauptung existiert nicht der leiseste, glaubwürdige Anhalt, aber — „das Papier ist geduldig, den Beweis bleibt man schuldig."

habe sich vor Abfassung eines Essays über „Lord Byron und Leigh Hunt"[3] die bekanntesten Quellen für jede Biographie Byrons angesehen, orakelt über den Dichter folgendermaßen: „Daß Byron seine Frau verließ (sic!), in Venedig durch Ausschweifungen den Keim eines frühen Alters legte, daß er einen Mann, wie Leigh Hunt, heranzog und in Geldverlegenheiten stecken ließ (sic!), — das Alles wissen wir (?!), und auch der eifrigste Verehrer des Dichters kann nicht verlangen, daß man es wissentlich ignoriere."

Ich bin sicherlich einer der eifrigsten Verehrer des Dichters, und als solcher will ich Herrn Hermann Grimm unumwunden sagen, was ich und was jeder Wahrheitsliebende von einem namhaften deutschen Schriftsteller verlangen kann: Daß er, erstens, nicht das Gegenteil von dem sagt, was schon in den landläufigsten Literaturgeschichten z. B. über Byrons Eheverhältnisse zu lesen ist, nämlich daß Lady Byron es war, die heimlich ihren nichtsahnenden Gemahl verließ; — zweitens, daß er nicht angesichts der authentischsten Briefe des Dichters und Anderer einem notorischen Blagueur und literarischen Schmarotzer wie Leigh Hunt mehr Glauben schenke als den Worten von mehr als einem Ehrenmann, Wenn ein geachteter deutscher Autor solche gänzlich unbegründeten Behauptungen aufstellt

---

[3] Hermann Grimm, Essays, p. 329.

und sie mit dem apodiktischen „Das wissen wir"
den Lesern glaubhaft machen will, so gerät er in
Gefahr, sich dadurch an die Seite einer Mrs. Be-
echer-Stowe zu gesellen, die das Andenken des
toten Dichters aus christlicher Liebe mit den
verabscheuungswürdigsten Lügen verunglimpft
hat.

Vor allen Dingen aber verlangt ein Jeder von
einem ernsthaften Schriftsteller, daß dieser nicht
in einem und demselben Buche, vier Seiten später, sich selber Lügen strafe: „Raphaels Verhältnis zur Fornarina, Goethes zu Christiane Vulpius,
Byrons Ehescheidungsprozess haben kein Forum
mehr. Byron ist ein Dichter für uns, nichts weiter." — Also nachdem man dem Menschen Byron die abscheulichsten Dinge nachgesagt, welche das Strafgesetzbuch und die gute Sitte uner-
bittlich verdammen, ist man gnädig und ruft: Ich
will damit gar nichts gesagt haben, beschäftigen
wir uns jetzt nur mit dem Dichter, mit „nichts
weiter"!

Das sind nur zwei kleine Proben aus dem un-
entwirrbaren Knäuel von Entstellung, Unwahr-
heit und Ignoranz, welches mit den Engländern
und Amerikanern wetteifernd Deutsche um das
Andenken Lord Byrons gewoben haben.

Ob es nicht in der sonst ja höchst fragwürdi-
gen „guten alten Zeit" doch besser mit der
Schriftstellerei stand, als wenigstens Jeder, der
zu einem großen und gebildeten Publikum

sprach, so viel Achtung vor demselben hatte, um ihm nur das vorzutragen, von dessen innerer Wahrhaftigkeit er sich durch eigene, gewissenhafte Studien überzeugt hatte?

An keinem großen Manne hat sich die Nachwelt so unverantwortlich versündigt wie an Byron; sie scheint die übertriebene Verehrung, welche die Zeitgenossen dem lebenden Dichter zollten, durch eine ebenso falsche und unberechtigte Schmähung nach dem Tode wieder ausgleichen zu wollen.

Außerdem mischt sich noch eine ganz beträchtliche Dosis Undankbarkeit in das Benehmen, welches die Mehrzahl der Gebildeten gegen das Andenken Lord Byrons beobachtet. Verdanken doch ihm die Pessimisten, Materialisten, Radikalen, die Interessant-Melancholischen, die Kraftgenies und die unabsehbare Schar der „Geistreichen" einen wesentlichen Teil ihrer Allüren. Lord Byron hat durch sein dichterisches Wirken so ungeheuer viele allermodernste Ideen in Umlauf gebracht, daß mehrere Generationen davon gezehrt haben und noch mehr zehren werden.

Wenn man den Geist des größten Teils des vorigen Jahrhunderts mit dem einen Namen Voltaires treffend kennzeichnet, — unbeschadet des Einflusses Goethes und Schillers, der doch zunächst nur auf Deutschland sich beschränkte — so kann man mindestens mit demselben Recht unser Jahrhundert das Byronische nennen. Wenngleich der Dichter in jugendlichem Alter noch vor Ablauf des ersten Viertels, des 19. Jahrhunderts starb, so ist doch die langnachdauernde Einwirkung seiner Dichtungen auf alle großen geistigen Strömungen bis zu unseren Tagen unverkennbar. Es wäre eine dankbare Aufgabe, den Einfluß der Muse Byrons auf die literarischen Bewegungen dieses Jahrhunderts nachzuweisen, — man würde zu den überraschendsten Resultaten gelangen.

Das vorliegende Buch hat sich eine andere Aufgabe gestellt. Es will an der Hand des unwiderleglichsten und einzig glaubwürdigen Materials eine neue Auffassung von dem persönlichen wie dichterischen Charakter Lord Byrons anbahnen. Gehorsam seinem Rufe: „En adsum qui feci!" lasse ich den Dichter selbst einmal zum Wort, nachdem ein halbes Jahrhundert hindurch die unwissende Verleumdung sich breit gemacht hat.

Der Titel dieses Buches — Autobiographie — dürfte wohl schwerlich einen Widerspruch erfahren; denn wenn auch keine minutiöse Aufzählung aller einzelnen Momente in des Dichters Leben stattfinden konnte, so sind doch die gewählten Auszüge durch ihre sachliche wie chronologische Anordnung vollkommen geeignet ein klares Bild von dem inneren Entwicklungsgange Lord Byrons zu entrollen, — und darauf kam es mir wesentlich an. Eine gewisse Kenntnis der äußeren Lebensumstände, sowie der hervorragendsten Dichtungen Byrons muß natürlich die Voraussetzung bilden.

Ich kann nicht versprechen, daß für den oberflächlichen Leser Alles in diesem Buche von gleich hohem Interesse ist; wer aber an die Lektüre mit dem Willen herangeht, sich Klarheit über den wahren Charakter eines der größten Dichter aller Zeiten zu verschaffen, wird kein Bruchstück dieser Autobiographie für überflüssig halten.

Eines aber ist nicht mein Zweck gewesen, — eine „Rettung" Lord Byrons in dem vielbeliebten, modernen Sinne. Zum Glück verbietet mir die hohe Erscheinung des Dichters, die Liste der Experimentierer zu vermehren, welche sich die Rettung unrettbar verlorener Charaktere wie ein frommes Werk angelegen sein lassen. Der Leser erhält in diesem Buche nur den Stoff zu einer selbständigen Beurteilung des englischen Dichters; und frei von einer blinden Verehrung für ihn habe ich es für eine Pflicht der Wahrheitsliebe und des literarischen Wohlanstandes gehalten, auch solche Züge nicht einseitig zu unterdrücken, die geeignet sein könnten, einen Schatten auf Byrons Leben zu werfen, sobald sie mir zur Vervollständigung des Gesammteindrucks erforderlich schienen.

Übrigens ist es noch keiner der bisherigen

„Rettungen" gelungen, den Gegenstand ihrer rührenden Bemühungen von dem Makel zu reinigen, den eine unerbittliche Nachwelt auf denselben gehäuft. Wenn z. B. die Herausgeber mit einander wetteifernd einen Grabbe, den man mit Byron zu vergleichen wagt! — weißzuwaschen und genießbar zu machen suchen, so zuckt das bei dieser Mohrenwäsche unbeteiligte, anständige Publikum die Achseln und bleibt dabei, daß Grabbe ein widerwärtiger Trunkenbold war, dessen poetische Produkte sich zwischen geistiger Impotenz und bombastischen Delirien bewegen.

Wie weit aber der verblendete Eifer solcher Kommentatoren gehen kann, beweist das Bemühen eines Mannes wie Rudolf Gottschall, Grabbe auf Kosten Lord Byrons zu verhimmeln. Man weiß wirklich nicht, was man zu folgendem Geniestreich des sonst so verständigen Kritikers sagen soll: „Der Don Juan Grabbes hat mehr lebendiges, südliches Kolorit, mehr Feuer und Nerven, mehr dramatisches Leben als der Don Juan in Byrons humoristischem Epos," — Abgesehen von der unentschuldbaren Trivialität in der überaus luminösen Entdeckung, daß natürlich die Person eines Dramas mehr dramatisches Leben haben müsse als dieselbe Person in einem Epos, werden solche und ähnliche Dinge wohl am mildesten mit der Ausrede der Unkenntnis entschuldigt. Nur wer den Don Juan Lord Byrons nicht gelesen hat, kann sich erkühnen, eines der bombastischen, dummen und lächerlichen Produkte Grabbes auch nur in einem Atem mit dem großartigsten poetischen Werke zu nennen, welches das 19. Jahrhundert hervorgebracht hat.

Während es weiland unter dem „jungen Deutschland" zum guten Ton gehörte, Lord Byron als den Lieblingsdichter hinzustellen, ihm bis auf Kleinigkeiten, bis auf die Form des Halstuches und des Hemdkragens nachzuahmen, — scheint seit einiger Zeit die umgekehrte Unsitte einreißen zu wollen. In demselben Augenblick, in dem man seine Werke aufs ergiebigste plündert, versucht man äußerlich sich von ihm zu emanzipieren, stellt die eigene Sittsamkeit um Gotteswillen selbstgefällig dem unsteten Leben des früheren Halbgotts entgegen — und bei dem Mangel einer wahrhaft guten deutschen Übersetzung seiner poetischen wie prosaischen Werke ist das große Publikum nicht im Stande, solches Gebahren zu überwachen. Was bei einem Shakespeare, einem Goethe unmöglich wäre, das ist ungestraft an Lord Byron gefrevelt worden.

Zudem hat die zeitliche Entfernung des junggestorbenen Dichters, in unglaublicher Weise eine Art von Sagenbildung befördert. Nicht Wenigen gilt Lord Byron als ein unheimlicher Vampir, der mit Vorliebe das Blut unschuldiger Jungfrauen trank, der einige Dutzend Mordtaten auf dem Gewissen hatte, die er in seinen eigenen

Werken ausgeplaudert habe, der sogar Seeräuberei getrieben, - kurz, ängstlichen Gemütern erscheint er wie der Geist des Bösen selbst. Ein unbedeutendes Leiden an einem Fuße vervollständigt das düster-schaurige Bild, welches man sich meist von dem Dichter des Manfred zurechtmacht.

Die vorliegende Sammlung von Byrons biographischer Prosa wird manche romantische Illusion zerstören, manchen literarischen Irrtum berichtigen und viele Lügen verscheuchen. Was danach aber noch übrig bleibt, ist so fesselnd, so geeignet zur Anbahnung einer besseren Erkenntnis von dem wahren Wesen des Dichters und so anlockend zum eigenen Genuß, zum Studium seiner Werke, daß der Leser das Aufgeben von Illusionen und Unwahrheiten nicht bereuen wird. Der Held dieses Buches erscheint noch immer in so seltsamem Lichte, bleibt noch immer so „interessant", daß ihn zehn moderne Dichter und Feuilletonisten zusammengenommen darin nicht übertreffen. Dies Buch ist notwendigerweise ein Ergänzungsband zu sämmtlichen deutschen Ausgaben von Lord Byrons Werken. Die Übersetzer von Böttger bis auf Gildemeister haben sich auf die poetischen Schöpfungen des Dichters beschränkt, aus denen man wohl seine künstlerische Bedeutung erkennt, ohne jedoch ein einheitliches Bild von der innern Entwicklung zu empfangen, die mit dem schlechternen Erstlingsversuche der Hours of Idleness begann und mit dem gewaltigen Torso des Don Juan endete.

Der Leser, welcher bisher Byron nur aus seinen Dichtungen kannte, wird staunen über die weltmännische Grazie, den schalkhaften Witz, die Geschmeidigkeit und doch zugleich Energie seiner Prosa. Zwar sind es meist eilfertig hingeworfene Briefe, zu deren Revision der Dichter keine Zeit fand, oder abgerissene Tagebücher, die, einmal geschrieben, nie wieder von ihm gelesen wurden, — aber welchen unmittelbaren Eindruck empfängt man daraus von der glänzenden Persönlichkeit des Dichters, welch tiefer Einblick wird uns in die verborgensten Triebfedern seiner poetischen Werke wie seines vielbewegten Lebens.

Mag man auch über den objektiven Wert von Tagebüchern oder Briefsammlungen verschieden urteilen, soviel steht fest, daß die Welt in diesen Reliquien Byrons einen großen inneren Schatz besitzt, der nicht nur einen hohen literarischen Wert hat, sondern vor Allem die Möglichkeit an die Hand gibt, der Scheelsucht, niedrigen Verleumdung und sträflichen Unwissenheit von Historikern auf die Finger zu sehen und ihnen, wenn sie s gar zu toll treiben, das Handwerk zu legen.

Was schließlich die Form meiner Verdeutschung anbetrifft, so habe ich mir darin das schwierige Ziel gesteckt, ein für den deutschen

Leser genießbares Buch zu schaffen, dessen Sprache ebenso weit entfernt sei von dem schülerhaften Jargon der meisten neueren Prosaübersetzungen wie von der frivolen Behandlung des Originals, mit der es die Über setzer gerade bei Byron in unverantwortlicher Weise versehen haben. Ich habe mich von dem Gedanken leiten lassen, daß auch die Über-setzung fremdländischer Prosa ein Kunstwerk sein könne, und wenigstens hat mich die liebevolle Hingabe und die auf langjährigem Studium beruhende Bewunderung, die ich dem Dichter Byron zolle, auch gegenüber seiner Prosa niemals verlassen.

Die Umdichtung der drei poetischen Stücke, welche so bezeichnend für Byrons Geschicke sind, habe ich keinem Anderen überlassen wollen. Liegt es auch nicht im Bereich der Fähigkeit eines Mannes, eine gute Übersetzung von sämmtlichen dichterischen Werken Lord Byrons zu geben, so kann doch die Beschränkung des Einzelnen auf wenige seiner Schöpfungen eher etwas Erträgliches zu Stande bringen.

Vielleicht trägt dies Buch dazu bei, die Worte Byrons, die ich als Motto gewählt habe, zu bestätigen. Vielleicht wird ihm, wenn auch ein halbes Jahrhundert nach seinem Tode, zuerst in dem Lande volle Gerechtigkeit, welches auch den wahren Wert Shakespeares vor allen andern Völkern zuerst erkannte und den Geist der Byronschen Dichtungen bei ihrem Erscheinen sich vorurteilsloser zu eigen machte, als seine Landsleute.

Mein warmer Wunsch ist der, daß endlich des Dichters prophetische Worte in seinem Childe Harold erfüllt werden:

„Ich hab' gelebt und nicht gelebt vergebens!
Mag auch die Glut aus Geist und Herz entschwinden,
Zerbreche qualvoll auch die Form des Lebens, —
Etwas in mir wird Zeiten überwinden
Und meinem Geist ein ew'ges Sein bereiten.
Etwas, das irdisch nicht, das sie nicht ahnen,
Wird gleich dem Nachhall längstverklungner Saiten
Zu mildern Seelen seinen Weg sich bahnen
Und spät an Lieb und Reu die harten Herzen mahnen!"

Berlin, am 88. Geburtstage Lord Byrons.

E. E.

Lord Byrons Jugendliebe.

Tagebuch.

Mein frühester poetischer Versuch datiert schon aus dem Jahre 1800. Es war das erste Aufbrausen meiner Leidenschaft für meine Cousine Margarete Parker (Tochter des Admirals Parker), eins der schönsten unter allen vergänglichen Wesen. Lange schon habe ich die Verse vergessen, schwerlich aber werde ich sie selbst vergessen, ihre dunkeln Augen, die langen Wimpern und das geradezu Griechische in Wuchs und Antlitz. Ich war damals 12 Jahre alt, sie etwa ein Jahr älter. Ein oder zwei Jahre später starb sie in Folge eines unglücklichen Falles, der eine Verletzung des Rückgrats und so die Auszehrung herbeiführte.

Meine Schwester hat mir erzählt, daß bei einem Besuche, den sie der Kranken machte, diese nach der zufälligen Nennung meines Namens trotz ihrer todesblassen Farbe schwach errötete, zum größten Erstaunen meiner Schwester, die nichts von unserer gegenseitigen Neigung wußte, also auch nicht begriff, wie mein Name auf die Leidende solchen Eindruck machen konnte.

Ich wußte nichts von ihrer Krankheit, da ich damals in Harrow[4] oder vielleicht auf dem Lande war, und erfuhr erst etwas davon, als sie schon

---

[4] Die lateinische Schule zu Harrow-on-the-Hill.

gestorben war. — Später machte ich den mißglückten Versuch einer Elegie an sie.[5]

Ich habe nie ein Wesen gesehen von so „durchsichtiger" Schönheit wie meine Cousine, oder einer solchen süßen Zärtlichkeit, wie sie sie mir während der kurzen Dauer unseres Beisammmseins zeigte. Sie sah aus, als wäre sie aus Regenbogenfarben gemacht, — ganz Schönheit und Frieden!

Meine Leidenschaft hatte ihre gewöhnliche Wirkung auf mich. Ich verlor meinen Schlaf, meinen Appetit und meine Ruhe; und wenn ich auch wußte, daß sie mich lieb hatte, so drehte sich doch mein ganzes Dichten und Trachten um den Gedanken: wann werde ich sie wiedersehen? Das dauerte nämlich gewöhnlich nur 12 Stunden. — Aber damals war ich ein Narr, und heute — bin ich nicht viel weiser!

---

[5] Das erste Gedicht seiner Erstlingssammlung; es beginnt mit den Worten: „Hush'd are the winds".

Erziehung.

Tagebuch.

Bis zu meinem achtzehnten Jahre hatte ich, so wunderbar es scheinen mag, nie eine Revue[6] gelesen. In der Schule zu Harrow aber war meine allgemeine Bildung in den modernen Fächern so groß, daß man meinte, ich könnte sie nur aus Revuen geschöpft haben; denn man sah mich nie lesen, sondern ich war meist müßig, machte dumme Streiche oder spielte. In Wahrheit aber las ich, wann Niemand sonst zu lesen pflegt, bei Tisch, im Bett, — und in dieser Weise hatte ich seit meinem fünften Jahre Alles gelesen, was mir in die Hände kam, aber nie eine Revue, eben weil ich zufällig keine vorfand. — Üebrigens waren sie auch zu meiner Zeit noch weniger verbreitet. Drei Jahre später wurde ich besser damit bekannt![7]

In der Schule fiel ich wie gesagt auf durch mein ausgebreitetes allgemeines Wissen, in jeder andern Beziehung aber war ich faul. Ab und zu raffte ich mich wohl zu einer großen Leistung auf (manchmal brachte ich's bis auf 30 oder 40 griechische Hexameter, natürlich mit einer Pro-

---

[6] Die Revuen, meist der Sprechsaal literarischen Klatsches, sind noch heute die Leiblektüre jedes Engländers, der auf Fashion Anspruch macht.

[7] Durch den giftigen Artikel der Edinburgh Review über seine Erstlingsgedichte.

sodie, wie es Gott gefiel), — aber anhaltendes Arbeiten war nicht meine Sache.

Meine ersten Verse, die ich in Harrow machte, waren die Übersetzung eines Chors aus Aeschylus' Prometheus, — sie wurden von meinem Lehrer sehr kühl aufgenommen. Niemand hatte nur die geringste Ahnung, daß ich mich einst aufs Dichten legen würde. —

Jugendfreundschaften.

Tagebuch.

Meine Schulfreundschaften waren für mich Leidenschaften (denn ich war in Allem heftig); aber ich glaube, von ihnen allen hat nur eine bis jetzt gewährt, — viele Jugendfreunde wurden mir freilich auch durch den Tod entrissen. Meine Freundschaft mit Lord Clare begann in frühster Jugend und hat von allen am längsten gedauert, nur durch Trennungen unterbrochen. Ich höre noch jetzt den Namen „Clare" nie ohne Herzklopfen und schreibe dies ganz mit dem Gefühl, das mich in den Jahren 1803—1805 beseelte.

Mary Chaworth.

Tagebuch.

Als ich fünfzehn Jahre alt war, mußte ich einmal in einem Boot, in dem nur zwei Personen ausgestreckt liegen konnten, einen Strom passieren, der durch eine niedrige, felsige Höhle in Derbyshire floß. — Bei mir im Boot war nur Mary Chaworth, die ich schon lange liebte, ohne es ihr zugestehen, — sie hatte es aber auch ohne mein Geständnis gemerkt. Ich erinnere mich noch dessen, was ich damals fühlte, kann es aber nicht beschreiben, — es ist wohl auch umso besser. Wir waren eine große Gesellschaft, ein Herr W., zwei Fräulein W. und noch ein paar andere, — und meine Mary Chaworth. Ach, was sage ich, meine! Und doch hätte eine Verbindung zwischen uns Familienfehden beigelegt, in der einst von unsern Ahnen Blut vergossen worden,[8] — große, schöne Besitzungen wären vereinigt worden, und wenigstens ein Herz hätte Ruhe gefunden, — zwei Menschenherzen hätten an einander geschlagen, die an Alter nicht so sehr verschieden waren (sie war zwei Jahre älter als ich) — und — und — was war das Ende davon?

---

[8] Der Großonkel des Dichters hatte im Jahre 1765 den Großvater von Mary Chaworth im Duell getötet.

Das folgende Gedicht Lord Byrons, worin er seine Liebe und „was das Ende davon war" schildert, erschien Goethe so herrlich, daß er um des Originals willen das Studium der englischen Sprache empfahl.

Der Traum.

Gedichtet im Juli 1816.

I.

Zwiefach ist unser Leben, denn der Schlaf
Ist eine Welt für sich, — die Scheidegrenze,
Die trennt, was Menschen Tod und Dasein nennen.

Der Schlaf ist eine Welt für sich, ein Reich
Voll wilder Wirklichkeit, draus Träume Leben
Und Tränen, Qual und Freudenjubel saugen.
Sie lasten schwer auf uns, wenn wir erwacht,
Oft auch des Tages Mühen von uns nehmend;
Sie teilen unser Selbst und werden dann
Ein Teil von uns und unsres Lebens Zeit,
Wie aus der Ewigkeit ein Heroldsruf.
Sie ziehn vorbei wie alter Zeiten Geister
Und künden doch sybillengleich die Zukunft.
Gar mächtig herrschen sie ob Leid und Freude,
Sie formen uns zu dem, was nie wir waren,
Erschrecken uns mit längst entschwundnen Bildern
Und mit der Furcht vor weggescheuchten Schatten.

Ist nicht ein Schatten die Vergangenheit?
Was sind die Träume? Schöpfungen des Geistes?
Kann nicht der Geist sich neue Welten schaffen,
Planeten nicht mit selbstgeschaffnen Wesen,
Viel schöner als was je gelebt, bevölkern?

Unsterblichkeit verleihn dem, was er träumt?
So ruf ich nun zurück die Traumerscheinung,
Die mir vielleicht im Schlaf genaht, — Ein Blitz
Des schlummernden Gedankens preßt oft Jahre,
Ein ganzes Leben oft in eine Stunde.

II.

Ich sah zwei Wesen in der Jugend Farben
Auf einem Hügel, sanft zu Tale sinkend
Und grün bewachsen, gleich als wär's der letzte
Von einer Hügelreih' am Küstensaume;
Nur dehnte sich kein Meer zu seinen Füßen,
Nein, ringsum schönes Land und Well' auf Welle
Der windbewegten Wälder und der Ernten,
Zerstreute Menschenwohnungen und Rauch,
Der von den Dächern kräuselnd aufwärts stieg.

Den Hügel krönt ein seltsam Diadem
Von Bäumen rund im Kreise, so geordnet
Von Menschenhand und nicht durch Zufallslaune.

Die Beiden, eine Jungfrau und ein Knabe,
Sahn staunend nieder, sie nur auf die Flur,
Ihr gleich an Schönheit, — er sah nur auf sie.
Und Beide waren jung, und eines schön,
Und Beide waren jung, — nicht gleichen Alters:
Gleichwie der süße Mond am Himmelsrande,
Stand auf der Grenze sie, — halb Kind, halb Weib.
Um wenige Sommer war der Knabe jünger,

Doch älter war sein Herz als seine Jahre.
Sein Auge sah ein schönes Antlitz nur
Auf weiter Welt, — und das schien auf ihn nieder,
Er hatte fest es in sich eingesogen.

Er atmete, er lebte nur in ihr,
Und sie war seine Stimme; scheu, zu sprechen,
Erbebte er bei ihrem Wort, — sie war
Sein Licht, sein Auge folgte ihrem nur,
Er sah mit ihrem Auge alle Dinge
Mit ihren Farben. Nicht mehr lebte er
Für sich, sie ward sein ganzes Sein und Leben,
Das Meer, drein all sein Denken sich ergoß,
Drin all sein Wünschen lag. Ein Wort von ihr,
Ein sanft' Berühren nur ließ all sein Blut
Zum Herzen fluten und zurückebben
Und hastig seiner Wangen Farbe wechseln,
Ob auch der Schmerzen Grund sein Herz nicht wußte.

Sie aber teilte seine Sehnsucht nicht,
Ihr Seufzen galt nicht ihm, er war ihr nur
Ein Bruder und nicht mehr, — das war schon viel,
Denn sie war bruderlos, und Bruder hieß
Er ihr nur in der Jugendfreundschaft Sprache.

Sie war der einsam letzte Sproß von altem
Ehrwürdigem Geschlecht, dess' Name ihm
Gefiel und wieder nicht gefiel, — warum?
Die Zukunft gab ihm tiefe Antwort drauf,
Als liebend sie dem Andern angehörte, —

Dem Andern, den schon damals sie geliebt!

Und auf des Hügels Spitze stand sie da;
Ausspähend, ob des Liebsten Roß auch Schritt
Mit ihrer Sehnsucht hielt, — und eilte weg.

III.

Ein Wechsel kam in meines Traumes Bild:
Da stand ein altes stattlich Haus und draußen
An seiner Mauer war ein Roß gezäumt.

In einem düster ernsten Betgemach
Derselbe Knabe stand, — er war allein
Und bleich, und auf und nieder schritt sein Fuß.
Dann saß er nieder, griff zur Feder, schrieb
Manch Wort, — das ich nicht lesen konnte — lehnte
Sein Haupt gebeugt auf seine Hand, und krampfhaft
Erbebte er wie fiebernd; stand dann auf,
Zerriß, was er geschrieben, mit den Zähnen
Und mit den Händen, zitternd, ohne Tränen.
Dann ward er ruh'ger und bezwang sein Antlitz,
Daß still es ward. — Und wie er stand gefaßt,
Da trat zu ihm das Mädchen seiner Liebe,
Sie blickte heiter, lächelnd, — ob sie gleich
Wohl wußte, wie sie lieb ihm war; sie wußte, —
Denn schnell kommt solches Wissen — daß ins Herz
Sie ihm der Liebe tiefe Schatten warf;
Sie sah, wie elend er, — nicht sah sie Alles.

Er nahte sich, mit kalter Höflichkeit
Griff er nach ihrer Hand, es flog ein Schwarm
Unsagbarer Gedanken um sein Haupt
Im Augenblick, — die schwanden, wie sie kamen.

Dann ließ er sinken ihre Hand und ging
Mit langsam abgemessnem Schritt, doch nicht
Als habe Lebewohl er ihr gesagt, —
Sie schieden ruhig, lächelnd von einander.

Er trat durchs wucht'ge Tor der alten Halle,
Schwang sich aufs Roß und ritt des Wegs dahin,
Und nie beschritt er mehr die morsche Schwelle.

IV.

Ein Wechsel kam in meines Traumes Bild:
Der Knabe ward zum Mann, er suchte sich
In heißer Zonen Wildnis eine Heimat
Und seine Seele trank die Sonnenstrahlen.

Seltsam umdüstert war sein Angesicht;
Nicht war er mehr, was einstmals er gewesen,
Er zog jetzt unstätt über Meer und Land.

Wie Wellen nahte Bild auf Bild sich mir,
Auf jedem sah ich ihn und auf dem letzten
Lag er zu ruhn von heißer Mittagsschwüle,
Gefallne Säulen um ihn her, im Schatten
Geborstner Mauern, die längst überlebt

Den Namen derer, die sie einst gebaut.

Kamele grasten neben ihm und Rosse,
Befestigt an dem Rande der Zisterne.
Ein Mann im wallenden Gewand hielt Wache,
Wieweit die Leute seines Stammes schliefen.
Und drüber wölbte sich der blaue Himmel,
So wolkenlos und schön und wie verklärt,
Daß man den Herrgott sah allein dort oben.

V.

Ein Wechsel kam in meines Traumes Bild:
Das Weib, das einst er liebte, war vermählt
Mit Einem, der sie nicht wie er geliebt.
In ihrer ersten Heimat wohnte sie,
Wohl tausend Meilen weit von ihm, umgeben
Von muntrer Kinderschaar, von Söhnen, Töchtern.
Und doch trug ihr Gesicht des Grames Farbe,
Die schweren Schatten innerlichen Kampfes,
Unruhig zuckten ihre Augenlider,
Als hingen unvergossne Tränen dran.

Was war ihr Gram? Sie hatte, was sie liebte,
Und der sie einst geliebt, war nicht mehr da,
Um ihrer Seele Reinheit ihr zu stören
Mit sünd'gen Wünschen, schwerverhaltnen Klagen.

Was war ihr Gram, da sie ihn nicht geliebt,
Noch je ihn hoffen ließ, sie möchte' ihn lieben? —

Er war es nicht, dess' Bild am Heizen nagte
Wie ein Gespenst aus längst vergangner Zeit.

VI.

Ein Wechsel kam in meines Traumes Bild:
Der Wandrer war daheim. Ich sah ihn stehn
Vor einem Altar mit der holden Braut.
Schön war ihr Antlitz, doch es war nicht das,
Was seiner Jugend Sternenlicht gewesen.

Wie er vorm Altar stand, da flog ums Auge
Derselbe Schein, ihn faßt' dasselbe Beben,
Das in dem alten Saale einst erfaßt
Sein Herz in seiner Einsamkeit. Und dann
Gleichwie in jener Stunde zog ein Schwarm
Unsagbarer Gedanken um sein Haupt
Im Augenblick, — die schwanden, wie sie kamen.

Und er stand unbewegt und aufrecht da,
Gelübde sprach sein Mund, die er nicht hörte,
Und Alles wogte wild um ihn; er sah
Nicht das, was hier geschah, geschehen sollte, —
Nein, nur das alte Haus, die traute Halle,
Die wohlbekannten Zimmer, jedes Plätzchen,
Den Tag, die Stunde, Sonnenschein und Schatten,
Und jede Kleinigkeit von Ort und Zeit,
Und sie, die sein Verhängnis war, — das Alles
Kam, zwischen ihn sich und das Licht zu drängen.

Was wollten sie in solcher Stunde hier?

VII.

Ein Wechsel kam in meines Traumes Bild:
Das Weib, das er geliebt einst, war verändert
Durch schwere Seelenleiden, und ihr Geist
Zog irren Wegs getrennt von seiner Wohnung.
Ihr Auge strahlte nicht mehr eignen Glanzes,
Nein überirdischen, — und Königin
War sie in wildphantastischen Gefilden.
Verworrne Dinge fügte sie zusammen
Und unerfaßliche für Menschenaugen,
Verborgene Gebilde sah ihr Geist.

Die Welt nennt's Wahnsinn, aber geist'ge Wesen
Besitzen tief'ren Wahnsinn, und der Blick
Der Schwermut ist ein grausiges Geschenk:
Nichts andres als das Teleskop der Wahrheit,
Das abgestreift die Fessel der Entfernung,
Des Lebens ganze Nacktheit uns enthüllt
Und allzu wahr die kalte Wahrheit macht.

VIII.

Ein Wechsel kam in meines Traumes Bild:
Der Wandrer war allein wie je zuvor,
Die einst ihn lieb gehabt, sie waren tot,
Und die noch lebten, — Feinde. Ausersehen
Für Schmach und Elend war sein Haupt, und Haß

Und roher Streit erhob um ihn die Stimme.
Qual mischte sich in jeglichen Genuß,
Bis er wie einst der Fürst des Pontusreiches
Vom Gift sich nährte, das, statt ihm zu schaden,
Fast Nahrung ward für ihn; so lebte er
Von dem, was andern Menschen Tod gebracht.
Den Bergeshöhen ward er Freund, mit Sternen
Und mit dem raschen Geist des Weltenalls
Hielt er sein Zwiegespräch, sie taten ihm
Den Zauber ihrer tiefen Weisheit kund.
Weit offen lag vor ihm das Buch der Nacht,
Und aus des Abgrunds Tiefe schollen Stimmen
Voll Wunder und Geheimnis, — sei es so!

IX.

Mein Traum verging, kein Wechsel nahte sich.
Wie wundersam, daß dieser beiden Wesen
Verhängnis mir ein Traumbild ausgemalt.
Fast wie die Wirklichkeit: das eine endend
In Wahnsinnsnacht, — — in Elend alle Beide.

Lord Byrons Erstlingsgedichte.

An Miß Pigot.[9] London, 2. August 1807.

Crosby, mein Londoner Buchhändler, hat schon zwei Sendungen meiner Gedichte abgesetzt und um eine dritte an meinen Verleger geschrieben. In jedem Buchhändlerschaufenster sehe ich meinen Namen und sage nichts dazu, freue mich aber über meinen Ruhm im Stillen. Die letzte Kritik, die ich über mich gelesen, bittet mich freundlichst, meinen Entschluß, nichts mehr zu schreiben, zu ändern, und ein „Freund der Literatur" hofft, ich werde das Publikum „in nicht zu ferner Zeit" mit einem neuen Werk erfreuen.[10] Wer möchte da kein Dichter sein! — d. h. wenn alle Kritiker so höflich wären. Indessen die Andern werden mich schon diese freundliche Ermutigung bezahlen lassen. Nun meinetwegen, drauf und dran! — Meine Lorbeern haben mir den Kopf verdreht, aber die kühle Douche der mir noch bevorstehenden Kritik wird mich schon wieder Bescheidenheit lehren.

---

[9] Die Schwester eines Universitätsfreundes.
[10] Lord Byron hatte in der Vorrede seiner ersten Gedichte versprochen, nie wieder den Pegasus zu besteigen.

Lord Byron als Student.

An Mr. Dallas.[11]   London, Dorants Hotel, 21. Jan. 1808.

Sie haben Recht mit Ihrer Vermutung, daß ich der Universität Cambridge angehöre, wo ich am Ende des Semesters meinen Grad als A.M.[12] zu erwerben gedenke. Wäre aber gesunder Menschenverstand, Beredsamkeit oder Tugend das Ziel meiner Bestrebungen, so ist Cambridge jedenfalls nicht die Metropole, noch weniger das Utopien meiner Ziele. Der Verstand ihrer (Cambridges) Musensöhne ist so stagnierend wie der vorbeifließende Cam und ihr ganzes Streben beschränkt sich auf die Kirche, — nicht auf die Kirche Christi, sondern auf die mit der nächsten fetten Pfründe.

Was meine Belesenheit anlangt, so kann ich ohne Übertreibung versichern, daß sie in den historischen Fächern ziemlich umfangreich ist; nur wenige Nationen dürften existieren, mit deren Geschichte ich nicht bis zu einem gewissen Grade vertraut wäre, — von Herodot bis Gibbon.

Von den Klassikern weiß ich ungefähr so viel wie die meisten Schuljungen nach einer Quälerei von 13 Jahren; von den Gesetzen des Landes genug, um mich keiner Strafe auszusetzen.

---

[11] Ein weitläufiger Verwandter von Lord Byron, der Anfangs dessen Verhandlungen mit den Verlegern leitete.
[12] Artium (liberalium) magister.

Ich studierte den „Geist der Gesetze" und das Völkerrecht, da ich aber Letzteres jeden Monat verletzt sah, gab ich es als einen ganz nutzlosen Zweig auf. In der Geographie kenne ich durch Karten mehr Länder, als ich zu Fuß zu durchstreifen wünsche; von Mathematik weiß ich genug, um Kopfschmerzen zu bekommen, ohne aber meine Begriffe wesentlich dadurch zu klären.

Von der Philosophie, der Astronomie und der Metaphysik kenne ich mehr, als ich je verstehen werde, und was den gesunden Menschenverstand anbetrifft, so habe ich davon so wenig gefunden, daß ich einen Byron-Preis einer jeden unserer Almae Matres für dessen erste Entdeckung hinterlassen möchte.

Ich hielt mich einst für einen Philosophen und sprach mit dem größten Anstand den größten Unsinn, ich verachtete den Schmerz und predigte Gleichmut. Eine Zeitlang ging das ganz hübsch, denn ich tat Niemandem etwas zu Leide als meinen Freunden und brachte Keinen zur Verzweiflung als meine Zuhörer. Schließlich überzeugte mich jedoch ein Sturz vom Pferde, daß der körperliche Schmerz ein Übel wäre. Das Schlimmste aber war, daß dies Ereignis meine ganzen Grundsätze so umkehrte, daß ich von Zeno zu Aristipp überging und annahm, das χαλόν bestände im Vergnügen.

In Bezug auf Moral ziehe ich Konfuzius den

zehn Geboten vor, ebenso auch Sokrates dem Apostel Paulus, wenngleich Beide in ihrem Urteil über die Ehe übereinstimmen.

In religiöser Beziehung habe ich eine Vorliebe für die katholische Religion, verwerfe aber das Papsttum. Auch habe ich mich geweigert, das Abendmahl zu nehmen, weil ich mir nicht denken kann, wie das Brot und der Wein aus der Hand eines irdischen Priesters mich zu einem Erben des Himmels machen können.

Die Wahrheit halte ich für die wesentlichste Eigenschaft der Gottheit und den Tod für einen ewigen Schlaf, — wenigstens leiblich.

So, da haben Sie ein kurzes Kompendium der Gesinnungen des verruchten

George Lord Byron.

Lord Byron und die Kritik.

An Mr. Becher. London, 26. Februar 1808.

Und nun zu Apollo zurück. Ich bin glücklich, daß Sie meinen Gedichten Ihre Vorliebe und das Publikum mir ein wenig Anerkennung zuTeil werden lassen. Ich gelte für so wichtig, daß in der nächsten Nummer der Edinburgh Review ein sehr heftiger Angriff gegen mich in Aussicht steht. Ich habe das von einem Freunde gehört, der den betreffenden Artikel im Manuskript und Probeabzug gesehen hat. Sie werden wissen, daß das System der Herren von der Edinburgh Review das ist, Jedermann anzugreifen. Sie loben Keinen, und weder Publikum noch Autoren erwarten von ihnen je etwas Lobendes zu lesen. Bemerkenswert ist hierbei jedoch, daß sie überhaupt nur solche Werke ihrer Kritik würdigen, die wenigstens die Aufmerksamkeit des Publikums verdienen.

Sie werden die Kritik ja sehen, wenn sie erschienen ist, — man gibt mir schon im voraus. zu verstehen, daß sie ganz erbarmungslos gegen mich vorgeht. Ich bin aber auf meiner Hut und hoffe nur, Sie werden über die Strenge der Kritik sich nicht betrüben.

Sagen Sie meiner Mutter, sie solle sich darum nur keine Sorge machen und sich auf die größten Feindseligkeiten von Seiten der Kritik gefaßt machen. Dergleichen kann Einen nicht kränken und ich hoffe, auch sie wird sich nicht dadurch gekränkt fühlen. Die Leute verfehlen ihren Zweck, da sie Alles ohne Unterschied heruntermachen. Was tut's, wenn man von ihnen getadelt wird, da ja Moore, Southey und viele Andere dasselbe Schicksal teilen!

Kritische Feuertaufe.

An Mr. Becher.　　　　　　London, 28. März 1808.

Sie haben natürlich die Edinburgh Review schon gesehen. Leid tut mir nur, daß meine Mutter sich die Sache so zu Herzen nimmt. Was mich betrifft, so haben mir diese papiernen Kugeln des Gehirns nur die Feuertaufe gegeben, und Alles in Allem bin ich noch recht glücklich, da mein Schlaf und Appetit durchaus keine Störung erlitten haben.

Die Edinburgher Kritiker haben ihre Aufgabe sehr schlecht ausgeführt, so sagen wenigstens die Literati, — und ich glaube sogar, ich selbst könnte eine viel sarkastischere Kritik über mich schreiben, als das bis jetzt noch von Anderen geschehen.

Wanderjahre.

Lord Byron an seine Mutter. Newstead Abbey, 2.Nov.1808.

Liebe Mutter!

Bitte vergessen wir Alles das, wovon du sprichst. Ich habe keine Lust, mich dessen noch zu erinnern.[13] Sobald ich die Zimmer hier in Ordnung

---

[13] Bezieht sich auf eme kurz vorher stattgehabte Zwistigkeit zwischen Mutter und Sohn.

gebracht habe, werde ich glücklich sein, Dich zu empfangen. Da ich stets nur die Wahrheit spreche, so wirst Du dies nicht für eine leere Redensart ansehen.

Ich richte das Haus mehr für Dich als für mich ein, und ich denke, Du wirst es noch beziehen können, bevor ich meine Reise nach Indien[14] antrete, was ich im nächsten März zu tun gedenke. — —

Du kannst übrigens nicht sagen, daß mein Plan ein übler ist. Wenn ich jetzt nicht reise, so tue ich es nie, und Jeder sollte in seinem Leben einmal auf Reisen gehn. Noch habe ich nichts, was mich an eine Heimat fesseln könnte, — kein Weib oder unversorgte Brüder und Schwestern. Für Dich werde ich sorgen, und komme ich zurück, so gedenke ich mich auf die Politik zu legen. Eine Reise von einigen Jahren unter fremden Nationen wird mir dabei sicher nicht schädlich sein. Wenn wir nur unsere Nation kennen, so wissen wir von den Menschen nicht viel; nur aus Erfahrung und eigener Kenntnis, nicht nach Büchern sollte man über sie urteilen. Nichts kann sich mit der eigenen Anschauung und dem Vertrauen auf die eigenen Sinne messen. —

---

[14] Byron wollte seine erste Reise nach dem Orient bis Persien und Indien ausdehnen.

Lord Byron bei Ali Pascha in Albanien.

An dieselbe. Prevesa, 12. November 1809.

Meine teure Mutter!

Ich wurde neulich zur Audienz bei Ali Pascha zugelassen. Mein Anzug bestand in voller Staatsuniform, mit einem kostbaren Säbel u.s.w. Der Vezier empfing mich in einem großen mit Marmor gepflasterten Hof, in dessen Mitte eine Fontäne spielte, rund umher zogen sich scharlachrote Ottomanen.

Er empfing mich stehend, was von Seiten eines Muselmanns eine große Höflichkeit ist, und räumte mir dann den Platz zu seiner Rechten ein. Ich habe hier einen griechischen Dolmetscher zu meiner Verfügung, aber Ali's Arzt, Namens Femlario, verstand Latein und besorgte so die Vermittelung.

Ali fragte mich zuerst, warum ich denn in so frühem Alter mein Vaterland verlassen habe, — die Türken haben keine Idee davon, daß man auch zum Vergnügen reisen könne. Er sagte mir dann, der Englische Gesandte hätte ihm erzählt, ich sei aus vornehmer Familie, und so sendet er Dir, meiner Mutter, seine Huldigungen, — die ich hiermit bestelle. Er meinte, er wäre von meiner hohen Geburt überzeugt, weil ich kleine Ohren, lockiges Haar und kleine weiße Hände hätte, auch wäre er mit meinem Auftreten und Anzüge zufrieden. Dann bat er mich, ihn wie einen Vater zu betrachten, so lange ich in der Türkei reiste, er würde mich wie seinen Sohn behandeln. In der Tat benahm er sich mit mir wie mit einem Kinde, denn er schickte mir wohl zwanzigmal des Tages Mandeln und süßen Sorbet, Früchte und Eingemachtes. — —

Morgen gehe ich mit einer Leibwache von 50 Mann nach Patras in der Morea und von dort nach Athen, wo ich überwintern werde. Vor zwei Tagen war ich auf einem türkischen Kriegsschiff in der größten Lebensgefahr, Dank der Unwissenheit des Kapitäns und der Mannschaft, obwohl der Sturm gar nicht sehr heftig war. Fletcher[15] heulte nach seinem Weibe, die Griechen schrien zu allen Heiligen und die Muselmänner zu Allah. Der Kapitän brach in Tränen aus, rannte unter Deck und rief uns zu, wir möchten zu Gott beten. Die Segel gingen in Fetzen, der Wind blies frisch, die Nacht brach herein und so blieb uns nur noch die Hoffnung, Korfu zu erreichen oder, wie Fletcher sich pathetisch ausdrückte, „ein nasses Grab". Ich tat Alles, was ich konnte, um Fletcher zu trösten; da ich ihn aber unverbesserlich fand, so hüllte ich mich in meine Albanische Kapota (einen ungeheuern Überwurf) und legte mich aufs Deck, um das Schlimmste abzu-

---

[15] Ein treuer Diener Lord Byrons, der ihn auf allen seinen Reisen begleitete.

warten. [16]

Ich habe auf meinen Reisen gelernt, philosophische Ruhe zu bewahren, und wäre das selbst nicht der Fall gewesen, so war doch jedes Klagen nutzlos. Glücklicherweise legte sich der Wind etwas und trieb uns aufs Festland zu, wo wir landeten und mit Hilfe der Eingebornen wieder nach Prevesa zurückkehrten. Aber in Zukunft vertraue ich mich nicht mehr türkischen Schiffern an, obgleich der Pascha mir eine seiner eigenen Galioten zur Verfügung gestellt hatte, um nach Patras zu segeln.

Der Moralist im Türkenlande.

An dieselbe.   Konstantinopel, 27. Juni 1810.

Ich erinnere mich, daß Mahmut Pascha, der Enkel Ali Pascha's, mich in Nanina fragte, wie ich denn schon so jung auf Reisen ginge ohne Jemand, der mich in seine Obhut nähme. Diese Frage tat der kleine, schwarzäugige Bursche von zehn Jahren mit dem ganzen Ernst eines Sechszigjährigen.

Ich kann jetzt keine großen Briefe schreiben, doch so viel kann ich Dir sagen, daß ich bis jetzt zwar manche Strapazen durchgemacht, aber nie

---

[16] Nach der Version eines Augenzeugen ging Byrons Unerschrockenheit so weit, daß er mitten in Sturm und Gefahr — ruhig einschlief.

einen langweiligen Augenblick gehabt habe. Nur fürchte ich, ich werde mir so eine zigeunerartige Wanderlust aneignen, die mir die Heimat unerträglich erscheinen lassen könnte. Ich höre, daß das den Reisenden sehr häufig so geht, und ich fühle auch schon so etwas davon.

Am dritten Mai schwamm ich von Sestos nach Abydos. Du kennst die Geschichte von Leander, — ich hatte aber keine Hero, die mich am andern Ufer empfing.

Meine Meinung ist, daß Mr. B... das Fräulein R... heiraten muß.[17] Unsere erste Pflicht auf Erden ist, nichts Böses zu tun, — aber da das leider unmöglich ist, so ist unsere nächste Pflicht die, ein geschehenes Übel wieder gut zu machen, wenn es in unserer Macht steht. Das Mädchen ist ihm ebenbürtig — und da sie das ist, so müßte er sie heiraten. Ich will keine leichtsinnigen Verführer auf meinen Gütern haben und will meinen Pächtern nicht ein Privilegium geben, was ich mir selbst nicht herausnehmen würde: anderer Leute Töchter zu verführen.

Gott weiß, daß ich mir auch manchen tollen Streich habe zu Schulden kommen lassen, aber ich habe den festen Vorsatz gefaßt, mich zu bessern, und habe ihn auch in letzter Zeit befolgt; darum erwarte ich, daß dieser Herr Lothario meinem Beispiel folgt und damit den Anfang

---

[17] Bezieht sich, auf die dummen Streiche eines jungen Pächters des Dichters.

macht, daß er das Mädchen wieder zu Ehren bringt, — oder bei dem Barte meines Vaters, er soll von mir hören!

Bitte, sieh ein wenig zu, wie es Robert geht,[18] — er wird seinen Herrn wohl vermissen. Armer Junge, — er ging sehr ungern wieder nach Hause. Ich hoffe, Du bist wohl und glücklich. Es wird mir eine Freude sein, von Dir etwas zu hören.

Dein aufrichtiger Sohn
            Byron.

Aus Griechenland.

An dieselbe.   Athen, 14. Januar 1811.

Ich bin so fest überzeugt von dem großen Vorzug, den das Reisen vor dem Lesen hat, und kenne so genau die verderbliche Wirkung des zu Hause Hockens inmitten der beschränkenden Vorurteile aller Inselbewohner, daß ich denke, es sollte ein Gesetz bei uns existieren, wonach unsere jungen Leute alle einmal Reisen in die paar Länder machen, die der Krieg uns noch als Bundesgenossen gelassen hat.

---

[18] Robert Rushton ist der im Anfange des Childe Harold in dem berühmten Abschiedslied an die Heimat (Adieu, adieu, my native shore) als „Page" angeredete junge Begleiter Lord Byrons.

Hier habe ich mit Franzosen, Italienern, Deutschen, Dänen, Griechen, Türken, Amerikanern u.s.w. u.s.w. verkehrt und gesprochen, und ohne meine eigenen Landsleute zu vergessen, kann ich doch auch über fremde Sitten mitsprechen. Wo ich die Überlegenheit Englands sehe (bezüglich deren wir uns nebenbei sehr oft täuschen), da freut es mich; und wo ich England hinter andern Nationen zurückstehen sehe, da schöpfe ich wenigstens Belehrung. Ich könnte in euren Städten geblieben sein und ein ganzes Jahrhundert mich haben räuchern oder benebeln lassen, ohne daß ich auch nur das Geringste von alledem gelernt hätte, was ich jetzt weiß.

Ich führe kein Tagebuch und habe auch nicht die Absicht, eine Beschreibung meiner Reisen herauszugeben. Von der Schriftstellerei habe ich genug, und wenn ich durch mein letztes Werk[19] die Kritiker oder die Welt davon überzeugt habe, daß ich etwas mehr wert sei, als sie gemeint haben, so genügt mir das und ich will diesen Ruhm nicht durch eine neue Produktion aufs Spiel setzen. Ich habe allerdings etwas im Manuskript bei mir,[20] aber das hinterlasse ich meinen Nachkommen, und wenn sie es für wert der Veröffentlichung halten, so mögen sie damit mein Anden-

---

[19] Seine schneidige Satire „Englische Barden und Schottische Rezensenten" war die Antwort auf die größtenteils unmotivierten Angriffe der Edinburgh-Review.
[20] Childe Harold's Pilgerfahrt.

ken verlängern. —

In meiner Begleitung befindet sich ein berühmter Bayrischer Künstler, der für mich Ansichten von Athen u. s. w. aufnimmt. Dies ist jedenfalls etwas Besseres als die Verseschmiererei, — eine Krankheit, von der ich mich für kuriert halte.

Ich hoffe, nach meiner Rückkehr ein ruhiges, zurückgezogenes Leben zu führen, Gott weiß aber wohl am besten, was für uns gut ist. So sagt man wenigstens und ich habe nichts dagegen einzuwenden, da ich im Ganzen keine Ursache habe, mich über mein Los zu beklagen. Ich bin aber auch überzeugt, daß die Menschen sich selber mehr Schaden zufügen, als der Teufel ihnen je antun könnte.

Ich hoffe, meine Zeilen treffen dich gesund und so glücklich, wie wir Menschen überhaupt sein können. Wenigstens wird es dich freuen, wenn ich Dich versichere, daß ich es bin und stets Dein getreuer

Byron.

Der Dichter und sein Ahnenschloss.

An dieselbe, Athen, 28. Februar 1811.

Liebe Mutter!

Was Newstead-Abbey anbetrifft, so antworte ich wie zuvor: nein! Wenn einmal etwas verkauft werden soll, so sei es Rochdale. — Ich will Dir offen meine Meinung sagen: ich habe keine große Neigung, mein Vermögen in Papieren anzulegen. Sollte ich aber durch irgend welche besonderen Umstände doch genötigt sein, Newstead zu verkaufen, so bin ich entschlossen, jedenfalls im Auslande zu leben, da das einzige Band, was mich an England fesselt, Newstead ist; und ist das gerissen, so habe ich weder Interesse noch Neigung, zu Hause zu bleiben. Was in England nur ein bescheidenes Auskommen gewährt, ist im Orient schon großer Reichtum, — so verschieden ist der Wert des Geldes dort und der Überfluß an allem zum Leben Notwendigen hier.

Zudem fühle ich mich so sehr als Weltbürger, daß jeder Ort, wo ich ein so köstliches Klima wie hier und einen Luxus genießen kann mit weniger Kosten, als das Leben auf einem Englischen College erfordert, mir eine Heimat ist, und das sind für mich in der Tat die Ufer des Archipels geworden.

Also meine Alternative ist: behalte ich Newstead, so kehre ich zurück; verkaufe ich es, so bleibe ich im Ausland. —

Heimkehr.

An dieselbe. An Bord der Fregatte „Volage", 25. Juni 1811

Liebe Mutter!

Ich bin am 2. Juli gerade zwei Jahre von England abwesend und kehre jetzt mit demselben Gefühl zurück, mit dem ich es verließ, — Gleichgültigkeit. In dieser Apathie bist Du natürlich nicht inbegriffen, das will ich Dir durch Alles, was in meinen Kräften steht, beweisen.

Sei so freundlich, meine Zimmer in Newstead in Ordnung bringen zu lassen, aber unter keinen Umständen darfst Du selbst darunter leiden, betrachte meinen Aufenthalt nicht anders als den jedes Gastes.

Ich muß Dir nur noch mitteilen, daß ich seit langer Zeit mich an eine vollständige Pflanzenkost gewöhnt habe, weder Fleisch noch Fisch stehen auf meiner Speisekarte; ich hoffe also auf einen großen Vorrat von Kartoffeln, Gemüsen und Biskuits, — Wein trinke ich nicht.[21]

---

[21] Byron war Vegetarier aus Eitelkeit — er hoffte, dadurch seine Taille zu konservieren. Der muselmännischen Abneigung gegen den Wein wurde er mitunter ungetreu.

Der Tod der Mutter.

An Dr. Pigot. 2. August 1811.

Mein lieber Doktor!

Meine arme Mutter starb gestern! und ich bin jetzt auf dem Wege von London nach Newstead, um ihrer Beisetzung in der Familiengruft beizuwohnen. Vorgestern erfuhr ich erst, sie sei krank, und gestern traf mich die Nachricht von ihrem Tode. Gott sei Dank, ihre letzten Augenblicke waren sehr ruhig. Man sagt mir, sie habe nur wenig gelitten und von ihrem Zustande keine Ahnung gehabt.

Ich fühle jetzt die ganze Wahrheit, daß wir nur eine Mutter haben können.

Friede sei mit ihr! —

Aus Lord Byrons Testament.[22]

Vom Jahre 1811.

Dies ist der letzte Wille und das Testament von mir, dem Right Honourable George Gordon Lord Byron, Baron Byron of Rochdale in der Grafschaft Lancaster:

— Ich wünsche, daß mein Leib in der Gruft im Garten zu Newstead ohne irgendwelche Ze-

---

[22] Wurde später von ihm geändert.

remonien oder Gottesdienst begraben und daß keine weitere Inschrift als mein Name und mein Alter auf mein Grab geschrieben werde. Es ist mein Wille, daß mein treuer Hund nicht aus obengenannter Gruft entfernt werde.[23] —

Aus Lord Byrons erster Parlamentsrede.[24]

1812.[25]

Wenn wir hören, daß diese Männer sich zur Vernichtung ihrer eigenen Subsistenzmittel verschworen haben, können wir da vergessen, daß es die jammervolle politische Lage und der Kriegszustand der letzten 18 Jahre ist, die den Wohlstand der Arbeiter, Ihren eigenen Wohlstand, Mylords, und den der Nation vernichtet haben? — Kann es uns Wunder nehmen, wenn in Zeiten wie den unsrigen, wo Bankrott, Diebstahl und offene Betrügerei in den Ständen, die nicht sehr tief unter uns stehen, an der Tagesordnung

---

[23] Er hatte seinem treuen Hunde Boatswain im Park zu Newstead ein prachtvolles Denkmal errichtet mit einer sehr bekannten Inschrift.

[24] Es handelte sich um die Bestrafung von Arbeiterrevolten gegen die Webstuhlbesitzer und um die noch heutigen Tages brennende Frage der Ahndung des Kontraktbruches.

[25] Zwei Tage vor dem Erscheinen der beiden ersten Gesänge des Childe Harold.

sind, — wenn da die niedrigste, wenngleich einst nützlichste Klasse der Gesellschaft in solchen bösen Zeiten einmal ihre Pflicht vergessen hat? Während aber der hochstehende Gesetzesübertreter Mittel hat, dem Gesetze zu trotzen, sollen wir neue schwere Strafarten für die unglücklichen Arbeiter erfinden, die der Hunger zum Verbrechen getrieben hat? —

Ich habe den Kriegsschauplatz der spanischen Halbinsel durchwandert, ich war in mehreren der am härtesten unterdrückten Provinzen der Türkei; aber niemals, auch unter der despotischen türkischen Regierung habe ich ein so jammervolles Elend angetroffen, wie seit meiner Rückkehr hier, im Herzen eines christlichen Landes!

Und was für Mittel wollen Sie anwenden? Nach monatelanger Untätigkeit, — nach monatelanger Tätigkeit, der die Untätigkeit noch vorzuziehen gewesen wäre, entdecken wir das große Spezifikum, das unfehlbare Patentrezept aller Staatsärzte — von den Tagen Drako s bis auf unsere Zeit. Erst fühlten wir dem Patienten den Puls und schütteln weise den Kopf, dann verordnen wir, wie gewöhnlich, warmes Wasser und einen tüchtigen Aderlaß — nämlich das warme Wasser Ihrer flauen Politik und die Aderlaßlanzetten der Soldateska —, und dann müssen natürlich die Zuckungen mit Tod endigen, dem sichern Resultat der Heilmethode aller politischen Sangrados.

Ganz abgesehen von der offenkundigen Ungerechtigkeit und Wirkungslosigkeit dieses Gesetzes, haben wir denn in unsern bestehenden Gesetzen nicht schwere Bestrafungen genug? Klebt nicht Blut genug an Ihrem Strafgesetzbuch, wollen Sie noch mehr vergießen, auf daß es zum Himmel als Zeugnis gegen Sie schreie?

Und wie wollen Sie denn dies Gesetz ausführen? Können Sie einen ganzen Bezirk ins Gefängnis stecken, wollen Sie auf jedem Felde einen Galgen errichten und die Menschen daran hängen wie die Vogelscheuchen? Oder wollen Sie — und es hat ganz den Anschein danach — die Bevölkerung dezimieren? — die ganze Bewohnerschaft vor die Kriegsgerichte stellen, Sherwood-Forest entvölkern und brach legen als ein angenehmes Geschenk für die Krone, als ein königliches Jagdrevier und einen Zufluchtsort für Verbrecher aller Art? Sind das die Mittel, ein verhungerndes und verzweifeltes Volk zu retten?!

Wird der verhungerte Bettler, der Ihren Bajonetten getrotzt, vor dem Galgen zurückschrecken? Wenn der Tod ihm ein Trost ist, der letzte Trost, den Sie ihm gewähren wollen — wird er dann vor Ihren Dragonern sich fürchten? Was die Grenadiere nicht vermochten, werden das die Henker erreichen?

Wenn es sich sonst darum handelt, einen Akt der Emanzipation oder der Hilfe auszuüben, da zaudern und überlegen Sie, da wägen und schachern Sie mit den Menschenseelen; ein Todesgesetz aber wollen Sie übers Knie brechen, ohne auch nur einmal an die Folgen zu denken?![26]

Lord Byron über Napoleon.

Tagebuch. November 1813.

Was für seltsame Nachrichten von dem Enakssohn der Anarchie — Bonaparte! Seit den Tagen von Harrow, wo ich beim Ausbruch des Krieges von 1803 seine Büste gegen die gemeinen hündischen Lobhudler der Zeit verteidigte, ist er für mich stets ein Romanheld gewesen. Aber sein Fliehen, sein Imstichlassen der eigenen Armee behagt mir nicht. Als ich auf der Schule für seine Büste stritt, da dachte ich nicht, er könnte sich selbst so ungetreu werden. Es sollte mich indessen nicht wundern, wenn er seine Feinde doch noch einmal packte. Von Männern sich besiegen zu lassen, das hat nichts zu sagen, aber von solchen drei stupiden, legitim-dynastischen Strohköpfen von Normalmonarchen — pfui der Schande! Vielleicht hatte Cobbett Recht, als er

---

[26] Sheridan, ein kompetenter Richter, hatte Lord Byron das Prognostikon gestellt, er werde, wenn er so fortfahre, ein großer Redner werden. Der Dichter hat aber nur dreimal im House of Lords gesprochen.

meinte, das käme von seiner Verschwägerung mit der dicklippigen und dickköpfigen österreichischen Brut. Er hätte besser getan, mit der auszuhalten, die Barras ausgehalten hatte.[27] Ich habe noch nie gehört, daß eine junge Frau und höchst legitime Gemahlin Glück bringt. Und wozu auch? Hatte er nicht die ganze Oper? ganz Paris, ganz Frankreich?!

Noch einmal die Edinburgh-Review.

Tagebuch. 1813.

Ich erinnere mich noch der Wirkung, die die Kritik der Edinburgh-Review auf mich übte. Schon sechs Wochen vor ihrem Erscheinen hatte ich davon gehört, las sie sofort nach ihrem Erscheinen, aß mein Mittag und trank drei Flaschen Claret, — kurz, ich verlor weder meinen Schlaf, noch meinen Appetit. Jedoch nicht eher wurde mir wohl zu Mute, als bis ich meinem Zorne und meinen Versen Luft gemacht hatte, und zwar richteten sich die gegen alle Welt. Wie Georg im „Landprediger von Wakefield", so ging es mir; das „Schicksal meiner Paradoxa" ließ mich kein Verdienst in einem Andern anerkennen. Ich erinnerte mich nur der Lehre, die mir mein Boxlehrer einst gegeben und die ich in meinen jungen Jah-

---

[27] Josephine.

ren auch sonst vielfach als nützlich erprobt habe: „wer nicht für Dich ist, der ist wider Dich, darum tapfer um Sich gehauen, rechts und links!" — Und das befolgte ich getreulich: wie Ismaels Hand, so war auch ich wider Jedermann und Jedermann wider mich!

Zukunftspläne.

Tagebuch. 1813.

Hätte ich irgendwelche Absichten auf äußeren Erfolg hier in England, so würde ich mich jedenfalls auf das Parlament beschränken. Aber ich bin ohne Ehrgeiz, und hätte ich welchen, so wäre es der des aut Caesar aut nihil. Meine Pläne beschränken sich darauf, Ordnung in meine Angelegenheiten zu bringen, mich dann in Italien oder im Orient (am liebsten in letzterem) niederzulassen und tiefe Züge aus dem Quell ihrer Sprachen und Literaturen zu tun.

Meine Vergangenheit hat mir die rechte Kraft benommen und alles, was ich noch tun kann, ist vielleicht, mir das Leben so angenehm wie möglich zu machen und den Zuschauer zu spielen, während andere sich mit dem Spielen abquälen.

Was ist denn auch schließlich das höchste Spiel, wo es um Kronen und Zepter geht? Vergleiche Napoleons letztes Jahr! Es hat mein fatalistisches System vollständig über den Haufen geworfen. Ich hatte gehofft, wenn ihn das Schicksal erreichte, so würde er nur fallen, si fractus illabatur orbis, aber nicht zu so kläglicher Nichtigkeit herabsinken; hatte gehofft, dies alles wäre nur so ein Spiel der Götter, nur das Präludium zu größeren Erschütterungen und mächtigeren Ereignissen.

Die Menschen aber rücken eben niemals über einen bestimmten Grenzpunkt vor, — und so kommen wir denn auch wieder zu dem stupiden, alten, verrotteten System von dem Gleichgewicht Europa's zurück; wir balancieren wieder Strohhalme auf den Nasen der Könige, statt ihnen die Nasen selbst zu zupfen!

Gebt mir eine Republik oder den puren Absolutismus eines Einzigen, — alles eher als dieses gemischte Regiment, wo einer, zwei oder drei regieren. Ja, eine Republik! — schaut Euch um in der Geschichte der Erde: was haben nicht Rom, Griechenland, Venedig, Frankreich, Holland, Amerika und eheu! unsere nur zu kurze englische Republik vollbracht im Vergleich mit ihren Fortschritten unter Monarchen!

Die Asiaten sind nicht fähig, Republikaner zu sein, sie haben aber wenigstens ab und zu die Kraft, ihre Despoten fortzujagen, — und das ist ziemlich dasselbe.

Der erste Mann eines Staates zu sein, — nicht der Diktator, nicht der Sulla, sondern der Washington oder der Aristides, der Erste an Talent und Ehrenhaftigkeit, das kommt gleich nach der Gottheit! Franklin, Penn, — und dann entweder Brutus oder Cassius, ja sogar Mirabeau oder St. Just. Aus mir wird wohl nie etwas werden, oder das Höchste, was ich hoffen kann, ist etwa, daß Jemand von mir sagt: „Er hätte vielleicht gekonnt, hätte er nur gewollt!" —

Lord Byron über die Ehe.
Tagebuch. 1813.

Ein Weib würde mich retten. Ich bin überzeugt, die Weiber meiner Bekanntschaft haben mir sehr geschadet. Annabella[28] ist schön, aber sehr jung und ich glaube eine Närrin. Indessen habe ich sie wohl nicht oft genug gesehen, um ein Urteil zu fällen. Jedenfalls hasse ich einen Esprit in Unterröcken. Daß sie mich nie lieben wird, ist mir klar, ebensowenig werde ich sie lieben; das bleibt sich aber nach meiner Idee von der Ehe und nach deren modernem System ganz gleich.

Das Geschäft (wenn es so weit käme) würde sicherlich zwischen mir und dem Herrn Papa abgemacht werden. Ich würde sie dann ruhig ihren eigenen Weg gehen lassen; bin ja auch den Weibern gegenüber gutmütig und gelehrig, und

---

[28] Annabella Milbanke, seine spätere Frau.

wenn ich mich nur nicht in sie verliebe, — was ich möglichst zu verhindern suchen werde — so werden wir ein sehr vernünftiges Paar abgeben.

Wenn ich mich aber einmal verliebt habe, so werde ich eifersüchtig, und deshalb eben will ich mich nicht verlieben. Also nichts damit, ich bin und bleibe ledig, obschon ich ab und zu gern Jemand um mich hätte, mit dem ich zusammen — gähnen könnte.

Kritiker und Schriftsteller.

Tagebuch. 24. November 1813.

Die Leute wollen wissen, daß die Quarterly Review nächstens einen Angriff gegen mich loslassen wird. Laßt sie nur kommen. Ich bin meiner Zeit derartig auf allen beiden Seiten gepfeffert worden, daß ohne Cayenne oder Aloe mein Geschmack gänzlich erstorben ist. Ich kann ganz offen bekennen, daß für mich die Kritik so gut wie gar nicht existiert. Freilich mag sich das auch daher schreiben, daß ich jetzt nicht mehr der Schriftstellern die Bedeutung beilege, wie das Andere tun und wie auch ich es getan, als ich noch jünger war. Man bekommt eben Alles satt, mein Engel. — —

— Ich habe die feste Überzeugung: der große Lärm, den man von der Schriftstellern und den

Schreibern macht, ist nichts als ein Zeichen der Verweichlichung, Entartung und Schwächlichkeit.

Wer wird wohl schreiben, sobald er nur etwas Besseres zu tun hat? Handlung, Handlung, Handlung! — sagte Demosthenes. — Handlungen! rufe auch ich, aber nicht Schriftstellerei, vor allem nicht Reimerei! Man sehe sich doch einmal das erbärmliche, monotone Leben der ganzen Spezies an, — ausgenommen Cervantes, Tasso, Dante, Ariosto, Kleist (die wackere und tätige Bürger waren), auch Äschylus, Sophokles und noch ein paar von den Alten, — aber im Allgemeinen, was sind doch diese Menschen für eine nutzlose, träge Brut!

Lord Byron über seine zukünftige Frau.

Tagebuch.   30. November 1813.

Gestern hatte ich einen sehr hübschen Brief von Annabella, den ich auch beantwortete. Was für ein wunderliches Verhältnis, welche eigentümliche Freundschaft zwischen uns Beiden! — ohne auch nur einen Funken Liebe auf beiden Seiten und durch Umstände herbeigeführt, die unter gewöhnlichen Verhältnissen eher Kälte und Abneigung zu erzeugen geeignet sind. Sie ist eine sehr vornehme Erscheinung, nur sehr wenig verzogen, was selten genug ist bei einer reichen Erbin, einem Mädchen von 20 Jahren, zukünftiger Peereß, selbstständig, einem einzigen Kinde, einer Gelehrten, die man stets ihren eigenen Weg hat gehen lassen. Sie ist eine Dichterin, hat sich mit Mathematik, Metaphysik beschäftigt, — und bei alledem freundlich, teilnehmend und zuvorkommend, ohne große Ansprüche. Jede Andere mit der Hälfte ihrer Kenntnisse und dem zehnten Teil ihrer Eigenschaften würde hochmütig werden.

Politik.

Tagebuch. 1813.

Gott segne den Indifferentismus! Mit seiner Hilfe habe ich meine Politik zu einer energischen Verabscheuung aller existierenden Regierungsarten vereinfacht. Da dies das angenehmste und bündigste Glaubensbekenntnis von der Welt ist, so würde mich die Errichtung einer Weltrepublik sofort zu einem Verteidiger des unbeschränkten Absolutismus machen.

Die Sache ist einfach die: Reichtum ist Macht, Armut ist Sklaverei — überall auf dieser Erde, und die eine Regierungsform ist für ein Volk genau so viel wert wie die andere. Bei meiner Partei[29] halte ich nun einmal aus, weil ich ehrenhalber nicht anders kann; was aber meine Überzeugung betrifft, so meine ich, die Politik ist eine Überzeugung gar nicht wert.

Anders steht es mit dem äußeren Verhalten: gehörst du einmal einer Partei an, so halte bei ihr aus. Die Politik ist das einzige Gebiet, auf dem ich mir selbst gleich geblieben bin, — wahrscheinlich wegen meines ausgebildeten Indifferentismus in diesem Punkte.

Pessimismus.

Tagebuch. 1814.

Ein wenig gelesen, dann Notizen und Briefe geschrieben und jetzt bin ich wieder einmal allein, also nach Locke in schlechter Gesellschaft. Indessen kann ich kein so großes Unglück im Alleinsein erkennen. Je mehr ich von den Menschen sehe, desto weniger mag ich sie leiden. Es wäre Alles recht schön, wenn ich dasselbe auch von den Frauen sagen konnte.

Napoleon! — Diese Woche wird sein Schicksal entscheiden. Alles scheint gegen ihn zu sein, aber ich glaube und hoffe, er wird siegen oder wenigstens die Eindringlinge zurückschlagen.

---

[29] Er gehörte äußerlich stets der Oppositionspartei des Oberhauses an.

Was für ein Recht haben wir, Frankreich einen König aufzudrängen? Wäre es noch eine Republik, aber - „Brutus, Du schläfst!"

Hobhouse[30] weiß gar nicht genug Anekdoten über den wunderbaren Mann zu erzählen und zwar alle zum Beweise seines Verstandes und Mutes, aber auch seines Mangels an Menschenliebe. Das wundert mich nicht: wie könnte er, der die Menschen so gut kennt, anders als sie verachten und verabscheuen? ——

—— Je größer die Gleichheit unter den Menschen, desto unparteiischer verteilt sich das Übel und wird durch diese große Teilung leichter, — darum eine Republik!

Heute mehrere Billets von Madame de Staël unbeantwortet gelassen — und das sollen sie auch bleiben. Ich bewundere ihr Talent, — aber aufrichtig, ihre Gesellschaft ist überwältigend, wie eine Lawine, die Einen unter glänzendem Unsinn begräbt, — lauter Schnee und Sophistik.

—— Ich möchte nur wissen, wie Einer zum Teufel solch eine Welt hat schaffen mögen! Wozu beispielshalber sind die Stutzer darauf, — und vollends Könige, Universitäts-Professoren, — Frauen in „einem gewissen Alter" — eine große Menge Männer in jedem Alter, — und vor allen Dingen, wie hat er mich schaffen können!

---

[30] Hobhouse war der Reisegefährte Lord Byrons auf fast allen Reisen, einer seiner treusten Freunde.

„Divesne prisco et natus ab Inacho,
Nil interest, an pauper et infima
De gente, sub dio moreris,
Victima nil miserantis Orci.

Omnes eodem codimur!"

Ist noch etwas nach dem Tode? Wer weiß es? Höchstens der, dem der Mund verschlossen. Wer sagt uns, es gibt noch etwas nach dem Tode? Die, welche nichts davon wissen können. Und wann werden wir es wissen? Vielleicht wenn wir es nicht erwarten, und meist, wenn wir es nicht wünschen.

Was die Todesfurcht betrifft, so sind wir allerdings nicht Alle gleich: viel kommt dabei auf die Erziehung an, manches auf Nerven und Lebensweise, — das Meiste aber auf die Verdauung. —

Die Tragödie.

Tagebuch. 1814.

Ich wünschte, ich hätte Talent fürs Drama, ich möchte jetzt eine Tragödie schreiben. Aber nein, das ist für mich vorbei.

Ich denke, Moore sollte sich einmal versuchen. Er hat ein wunderbares Talent und ist sehr vielseitig, außerdem hat er gelebt und gefühlt. Um so zu schreiben, daß das Menschenherz im Innersten erschüttert werde, muß das Herz des Dichters selbst erschüttert gewesen sein, — oder noch besser, es schon überstanden haben. So lange man unter dem Einfluß der Leidenschaften steht, kann man sie wohl fühlen, aber nicht beschreiben; ganz ebensowenig wie man nicht inmitten der bewegten Handlung mit dem Nachbar darüber sprechen kann. Wenn alles aber vorbei ist, alles, alles unwiderruflich dahin, dann verlaß Dich auf Dein Gedächtnis, es wird Dir nur zu getreu sein.

Aussichten und Pläne.

An Thomas Moore.   Albany, 9. April 1814.

Ich habe genug von der Poeterei. Für immer sage ich ihr Lebewohl.[31] Ich habe „meinen Tag gehabt", und nun sei's genug damit. Das Höchste, was ich erwarte oder selbst wünsche, ist eine Notiz in der „Biographia Britannica", daß ich vielleicht ein Dichter hätte sein können, hatte ich nur nicht nachgelassen und — mich gebessert.

    Ein großer Trost für mich ist die Überzeugung, daß die zeitweilige Berühmtheit, die ich

---

[31] Ein oft gegebenes und glücklicherweise ebenso oft gebrochenes Versprechen des Dichters.

der Welt abgerungen habe, mir zu Teil geworden ist im offenen Kampfe gegen bestehende Meinungen und Vorurteile. Nie habe ich der Macht geschmeichelt, nie einen Gedanken unterdrückt, der mich reizte. Meinen Ruhm habe ich erkauft mit einem guten Stück persönlicher Gunst; denn nie war wohl ein Dichter so unbeliebt, ich meine als Mensch, wie ich. Und nun bin ich damit fertig, — ludite nunc alios!— —

A propos, bald hätte ich's vergessen: soeben ist ein langes Gedicht, „Antibyron" benamst, erschienen, welches mir nachweisen will, ich hätte mich verschworen, Thron und Altar umzustürzen, mit meinen Versen! — und ich hätte auch schon große Fortschritte damit gemacht. Das Ding ist keineswegs witzig, sondern im Gegenteil sehr ernst und fast ätherisch.

Ich habe mich noch nie für eine so wichtige Person gehalten wie jetzt, wo ich mit eignen Augen sehe, daß ich so ein kleiner Voltaire sein soll. Murray wollte es nicht veröffentlichen, was dumm genug von ihm war, — ich habe ihm das auch geschrieben.

Ihr französischer Reiseplan ist ganz gut, aber warum nicht lieber Italien? In Paris trifft man nichts als Engländer. Kommen Sie nach Rom, Mailand, Neapel, Florenz, Turin, Venedig oder auch nach der Schweiz — und bei Gott! ich verheirate mich schnell und suche Sie auf und wir schreiben dann ein neues „Inferno" in unserm

Paradies. Denken Sie über meinen Vorschlag nach; ich kaufe mir dann wahrhaftig einen Ring und ein Weib, sage Ja und Amen und miete mir irgendwo am Arno oder Po oder an der Adria ein Sommerhaus.

Ach, meine arme kleine Pagode, Napoleon, ist von seinem Piedestal herabgestiegen. Er hat abgedankt, heißt es. Satan könnte geschmolzenes Eisen weinen. Was? —

„Den Boden unter Malcolm's Fuß zu küssen
Und von des Pöbels Flüchen sich zu nähren!"[32]
Ich kann solche jammervolle Katastrophe nicht ertragen und muß mich wieder an meinen alten Leibhelden Sulla halten, denn mit meinen modernen habe ich kein Glück. — Heil und Segen, mein lieber Moore!

Frauenmacht.

Tagebuch. 1814.

Hier sitze ich nun wieder ganz allein, statt bei Lord Holland zu speisen, der mich eingeladen hat. Ich gehe aber am liebsten gar nicht mehr aus. Hobhouse sagt, ich werde allmählich ein loup garou, so eine Art einsames Gespenst. Nur zu wahr: ich bin ganz allein.

Die letzte Woche meist gelesen, Theater be-

---

[32] Macbeth, Akt V., Szene 8.

sucht, hin und wieder einen Besuch empfangen, oft gegähnt und noch öfter geseufzt, aber nichts geschrieben, höchstens ein paar Briefe. Könnte ich nur immer lesen, so würde ich die Gesellschaft gar nicht vermissen. Vermisse ich sie denn? Hm, die Männer machen mir keinen Spaß, und nur ab und zu eine Frau.

In der Gegenwart eines weiblichen Wesens liegt für mich etwas sehr Besänftigendes, — ein wunderbarer Einfluß, selbst wenn ich es nicht liebe, und das tue ich nicht, da ich überhaupt keine sehr hohe Meinung von dem weiblichen Geschlecht habe.

Und doch fühle ich mich wohler und bin freundlicher gegen mich und die ganze Welt, wenn eine Frau in meiner Nähe ist. Selbst Frau Mule[33], meine Heizfrau, die älteste und verwelkteste ihres Geschlechtes und gegen Jedermann außer gegen mich sehr unliebenswürdig, zwingt mir jedesmal ein Lächeln ab, — übrigens nicht sehr schwer, wenn ich einmal gut aufgelegt bin.

---

[33] Eine alte, treue Seele, die er selbst nach seiner Verheiratung um sich hatte. Sie war der Schrecken seiner Besucher.

Lord Byron über Napoleon.

Tagebuch. 9. April 1814.

Diesen Tag will ich mir merken! Napoleon Buonaparte hat abgedankt und ist vom Thron der Erde herabgestiegen. Ganz ausgezeichnet! Mich dünkt, Sulla tat besser, denn erst rächte er sich und auf der Höhe seiner Macht, rot vom Blute seiner Feinde, dankte er ab, — das schönste Beispiel glorreicher Verachtung dieser Jammerseelen. Auch Diokletian tat wohl daran, Amurat nicht so ganz, da er nachher Derwisch wurde, Karl der Fünfte nur so so, — aber Napoleon hat es am allerschlechtesten gemacht. Was, erst zu warten, bis die Feinde in seiner Hauptstadt sind, und dann auf das zu verzichten, was er nicht mehr besitzt! Donnerwetter, dagegen war Dionysius von Korinth noch ein König!

Ich sehe, der Menschen Geist ist nur ein kleines Teilchen ihres Glückes! Ich bin ganz irre an mir geworden und fühle mich sehr niedergedrückt.

Ich weiß nicht, aber ich meine, selbst ich, der, mit ihm verglichen, doch nur ein Insekt bin, habe mein Leben an Dinge gewagt, die nicht den millionsten Teil der Taten dieses Mannes wert waren. Eine Krone muß schließlich doch wohl nicht verdienen, daß man dafür sterbe. Aber nach einem Tage von Lodi einen solchen Tag! —

O daß Juvenal oder Ben Johnson von den Toten auferstehen könnten! „Expende, quot libras in duce summo invenies." Wohl wußte ich, daß das Alles in der Waage der Ewigkeit leicht wiegt, aber ich hatte doch geglaubt, das Leben solcher Männer wiege einige Karate mehr als das der Anderen. Ach, der kaiserliche Diamant hat einen Flecken bekommen und ist jetzt kaum gut genug für den Glaser, — die Feder des Geschichtsschreibers wird ihn schwerlich auf einen Dukaten abschätzen.

Genug davon. Und doch gebe ich ihn selbst jetzt noch nicht ganz auf, wenn auch alle seine Bewunderer „gleich den untreuen Thanen" von ihm abgefallen sind.

Ein Tag aus Lord Byrons Leben in London.

Tagebuch. 10. April 1814.

Ich weiß nicht, ob ich am glücklichsten bin, wenn ich allein bin, aber das weiß ich sicher, daß ich niemals lange in der Nähe selbst des Wesens bin, welches ich am meisten liebe, ohne mich nach der Gesellschaft meiner Lampe und meiner Bibliothek, die übrigens in der schrecklichsten Konfusion ist, zu sehnen. Selbst am Tage schicke ich meinen Wagen häufiger wieder weg, als ich ihn benutze.

Per esempio, seit vier Tagen habe ich diese Zimmer nicht einmal verlassen, sondern habe bei offenem Fenster jeden Tag eine Stunde mit Jackson[34] geboxt, um meinen Geist zur Ruhe zu bringen. Je heftiger die Anstrengung, desto geistig wohler fühle ich mich für den Rest des Tages und meine Abende haben dann die stille Ruhe, die mich aufs Höchste entzückt.

Heute wieder eine Stunde geboxt, eine Ode[35] auf Napoleon Buonaparte geschrieben, sie ins Reine geschrieben, sechs Biskuits gegessen, vier Flaschen Sodawasser getrunken, dann bis in die Nacht hinein gelesen; nebenbei noch dem armen A... einen ganzen Arm voll guter Lehren gegeben, wie er es mit seiner Geliebten machen soll, die ihm sicher noch die Schwindsucht an den Hals ärgert.

Ich bin wahrhaftig gerade der Mann dazu, solche Vorlesungen über die Weiber zu halten. Na, es kann nichts schaden, er schlägt meine Lehren doch alle in den Wind. —

---

[34] Der berühmteste Fecht- und Boxmeister Londons.
[35] Die berühmte Ode: „'Tis done – but yesterday a king!" – ein ebenbürtiges Seitenstück zu Manzoni's: Il cinque Maggio.

Schlußworte des ersten Tagebuchs.

19. April 1814.

Eis ist an beiden Polen, im Norden wie im Süden. Alle Extreme sind die nämlichen, das Elend findet seine Stätte auf den Höhen wie in den Tiefen der Gesellschaft, beim Kaiser, der keinen Thron, wie beim Bettler, der keinen Groschen hat. Allerdings gibt es eine verwünscht dumme Mittelstraße, eine Art Äquinoktiallinie, aber wo soll man die finden? Höchstens auf der Karte und mit dem Zirkel in der Hand.

— Ich will kein Tagebuch mehr führen und um nicht wieder wie ein Hund zu den Überresten des Gedächtnisses zurückzukehren, reiße ich die noch übrigen leeren Blätter dieses Buches heraus und schreibe mit Ipecacuana-Tinte: „Die Bourbonen sind wieder auf dem Throne!!!"

Häng' deine Philosophie an den Nagel! Ich habe zwar lange schon mich und die Menschen verachtet, aber noch nie habe ich der Spezies Mensch so ins Angesicht gespien wie jetzt!

Lord Byron über seine bevorstehende Verheiratung.

An Thomas Moore. Newstead Abbey, 20. September 1814

> „Laß ein Hoch dem Weib erschallen,
> Das schon lange ich geliebt,
> Und das nun für meine Lieder,
> Nicht für Gold sich mir ergiebt!"[36]

Mein lieber Moore, ich werde mich verheiraten, d. h. meine Werbung ist angenommen und gewöhnlich hofft man dann doch, das Übrige komme nach. Die Mutter meiner zukünftigen Gracchen ist, wie man sagt, zu tugendhaft für mich, aber sie ist eben das Muster aller einzigen Kinder[37] und alle Welt hält große Stücke auf sie; zudem ist sie wie Desdemona „goldener Hoffnungen voll". Fräulein Milbanke heißt die Dame und der Herr Papa hat mich in meiner Eigenschaft als Auserkornen zum Besuche eingeladen, — ich kann aber der Einladung erst folgen, wenn ich einige Geschäfte in London geordnet und mir — einen blauen Frack gekauft habe.

Man spricht davon, daß sie später viel erben wird, davon weiß ich aber wahrhaftig nichts und werde mich auch nicht darum kümmern. Ich weiß aber, daß sie manche Talente und ausge-

---

[36] Aus einem Trinkliede Moore's.
[37] Byrons Gattin war das einzige Kind ihrer Eltern.

zeichnete Eigenschaften besitzt, und man kann ihr nicht Verstand absprechen, da sie sechs Bewerber ausgeschlagen und schließlich mich genommen hat.

Wenn Sie nun irgendetwas gegen meine Wahl einzuwenden haben, so tun Sie es immerhin. Ich bin jetzt so fest entschlossen, daß ich Ihren Vernunftgründen ruhig Gehör schenken kann, ohne sie freilich zu befolgen. Es ist nicht unmöglich, daß irgendein Zufall die Partie scheitern läßt, aber ich will das Gegenteil hoffen. —

Wäre dies nicht geschehen, so wäre ich nach Italien gegangen. — Ich würde mich ausnehmend freuen, wenn wir uns auf meinem Wege zu meiner Braut in Nottingham treffen könnten.

Ich muß mich jetzt natürlich gründlich bessern, — und allen Ernstes, wenn ich irgendwie dazu beitragen kann, sie glücklich zu machen, so soll es geschehen, da das ja auch mich glücklich machen heißt. Sie ist ein so gutes Mädchen, daß — daß — kurz daß ich wünschte, ich wäre ein besserer Kerl.

Immer der Ihrige

Byron.

Abschiedsgruss an die Narrheit.

An die Gräfin Blessington.　　　Albany, 5. Oktober 1814.

Teure Gräfin!

Ihre freundliche Einladung ehrt mich aufs Höchste, aber „ich verheirate mich und kann nicht kommen". Meine Zukünftige wohnt zweihundert Meilen von hier und sobald ich hier Alles in Ordnung gebracht habe, muß ich Extrapost nehmen, um glücklich zu werden. Fräulein Milbanke heißt die junge Dame, die es mit mir riskieren will, und wie sich das eigentlich von selbst versteht, ich bin schrecklich verliebt und so närrisch, wie ein Junggeselle unter so rührenden Verhältnissen nur sein kann. Vor drei Wochen wurde meine Werbung angenommen, wann aber das Ereignis selbst stattfinden wird, weiß ich nicht ganz genau. Größtenteils hängt das von den Herren Advokaten ab, die sich nie zu beeilen pflegen.

— — Sie werden wahrscheinlich die Dame kennen. Sie ist eine Nichte von Lady Melbourne und eine Cousine von Lady Cowper, und hat weiter keinen Fehler, als daß sie viel zu gut für mich ist. Nun, das muß ich ihr schon verzeihen. Es hätte übrigens schon vor zwei Jahren so weit sein können[38], und hätte mir das seit jener Zeit

---

[38] Im Jahre 1812 empfing Lord Byron einen Korb von Miß

viel Reue erspart.

Die zwei Jahre hat sie dazu benutzt, die Werbungen von einem halben Dutzend meiner intimsten Freunde zurückzuweisen, und schließlich hat sie mich doch genommen, wofür ich ihr sehr verbunden bin.

Ich wünsche nur, die Geschichte wäre schon vorbei, denn mir ist aller Lärm und Wirrwarr verhaßt, und ohne den geht's doch mal bei einer Hochzeit nicht ab. Und wie ich höre, darf ich keinen schwarzen Frack tragen, einen blauen aber mag ich nicht sehen!

Verzeihen Sie mir nur all diesen Unsinn, Sie wissen ja, von jetzt ab muß ich mein ganzes Leben lang eine ernste Miene aufstecken, betrachten Sie diesen Brief also als einen Abschiedsgruß an die Narrheit, den ich mit Tränen in den Augen schreibe.

Nach der Verheiratung.[39]

An Thomas Moore. Seaham, 2. Februar 1815.

Da Sie jetzt wieder zu Hause sind, so werde ich hoffentlich wieder von Ihnen hören. Seit meinem letzten Briefe bin ich zu meinem Schwiegervater übergesiedelt und zwar mit meiner Frau, deren

---

Annabella Milbanke.
[39] Byrons Hochzeit fand statt am 2. Januar 1815.

Kammermädchen u.s.w. u.s.w. Der Honigmonat ist vorüber, ich wache auf und — finde mich verheiratet.[40]

Meine Frau und ich vertragen uns wundervoll. Swift sagt zwar: „Kein verständiger Mensch war je verheiratet", — ich denke aber, für einen Narren ist die Ehe der ambrosischste Zustand von der Welt. Indessen bin ich doch der Ansicht, man sollte nur auf Probe heiraten, obwohl ich sicher bin, ich würde selbst nach 99 Jahren noch einmal die Probe mit derselben Frau machen.

Mein Schwiegerpapa, Sir Ralpho, hat jüngst bei einem Steuermeeting in Durham eine Rede gehalten, und sonst nicht nur in Durham, sondern auch zu verschiedenen Malen hier nach Tische. Augenblicklich spricht er, glaube ich, mit sich selbst und mit einigen Bordeauxflaschen, die ihn weder unterbrechen noch selbst einschlafen können, — was seinen lebendigen Gästen sonst sicher passiert wäre.

Stets der Deinige[41]

Byron.

---

[40] Ähnlich sagte er nach dem Erscheinen des Childe Harold: „Ich erwachte eines Morgens und — fand mich berühmt."

[41] Byron war mit Moore so intim, daß er ihn zuweilen duzte, — ein der englischen Sprache bekanntlich höchst seltener Fall.

Reisepläne.

An Thomas Moore.　　　　Seaham, 10. Februar 1815.

Bella läßt Sie schönstens grüßen und Sie ihrer Hochachtung versichern.

Über unsere Reisepläne nach dem Süden, die in etwa drei Wochen zur Ausführung kommen können, werde ich Sie rechtzeitig benachrichtigen. Bei der Gelegenheit bitte ich Sie, binden Sie sich ja nicht für eine andre Reise, da ich einen Plan habe, nach Italien zu gehen, — davon noch später mehr. Denken Sie nur, wie wir auf dem Wege von Venedig nach dem Vesuv von Versen überströmen werden, von Griechenland gar nicht zu reden! Und alles das können wir, so Gott will, in einem Jahre bequem durchwandern. Wenn ich meine Frau mitnehme, so können Sie auch Ihre mitnehmen, — wenn nicht, nicht. Auf alle Fälle müssen Sie bei mir aushalten, stets treu an meiner Seite!

　　Ihr „eingewurzelter" Freund
　　　　　　　　　　　　　　　Byron.

Nach der Trennung von seiner Frau.[42]

An Thomas Moore.   29. Februar 1816.

Ich habe Ihren letzten Brief nicht beantwortet, und ihn gegenwärtig zu beantworten würde zu viel Zeit erfordern. Ich verschiebe also meine Aufklärung bis dahin, wo ich sie mündlich geben kann, und dann auch nur so kurz wie möglich.

Inzwischen führe ich Krieg „mit der ganzen Welt und meiner Frau", oder vielmehr, die ganze Welt und meine Frau führen mit mir Krieg. Bis jetzt haben sie mich noch nicht bezwungen, trotzdem sie sich redliche Mühe geben. Ich bin noch niemals daheim oder in der Fremde in einer solchen Lage gewesen wie jetzt, wo jeder Genuß der Gegenwart und alle Hoffnung auf die Zukunft so mit einem Schlage mit der Wurzel vernichtet sind. Ich sage dies, weil ich es weiß und fühle. Aber trotz alledem werde ich nicht untersinken, — ich habe mich gefaßt.

Übrigens dürfen Sie beileibe nicht Alles glauben, was man Ihnen über diesen Skandal erzählt, und vor Allem versuchen Sie ja nicht, mich etwa in Schutz zu nehmen, denn wer kann Widerspruch ertragen? — —

Wie geht es Ihnen und wo stecken Sie? Ich

---

[42] Lady Byron verließ ihren Gatten Ende Januar 1816, etwas über ein Jahr nach ihrer Verheiratung und sechs Wochen nach der Geburt ihrer Tochter Ada.

für mein Teil habe nicht die geringste Ahnung, was ich tun oder wohin ich gehen werde.

Vor einigen Wochen hatte ich noch ein paar Pläne, über die Sie gelacht hätten, aber man hat mir gesagt, ich dürfe jetzt nicht lachen, und seitdem bin ich sehr ernst geworden und bin es noch.

In der letzten Zeit bin ich nicht ganz wohl gewesen, ein Leberleiden, — seit 14 Tagen bin ich aber schon etwas besser, obwohl ich noch immer unter ärztlicher Behandlung bin.

Am meisten bedaure ich bei diesem Skandal den armen Sir Ralph. Er ist ebenso sehr bestraft wie ich, wenn wir auch magis pares quam similes in unserer Betrübnis sind. Für uns beide ist es hart, für den Fehler einer Einzigen bestraft zu werden: ich werde mich von meiner Frau scheiden, — er behält seine.

Stets der Ihrige

Byron.

Über seine Ehe.

An Thomas Moore.   8. März 1816.

Ich muß Sie in einem Punkte berichtigen. Der Fehler oder das Unglück lag nicht in der Wahl, die ich einst getroffen, — ich hatte eben gar nicht wählen sollen. Denn selbst inmitten aller dieser ekelhaften Geschichten glaube ich, daß nie ein besseres, freundlicheres, herzlicheres oder angenehmeres Wesen existiert hat als Lady Byron.[43] Ich habe ihr, so lange ich mit ihr verheiratet war, niemals das Geringste vorwerfen können. Wenn Einer zu tadeln ist, so bin ich es, und kann ich es nicht wieder gut machen, so muß ich mich fügen.

Die nächsten Verwandten meiner Frau sind Schurken. Meine Verhältnisse sind in großer Verwirrung, meine Gesundheit sehr erschüttert und mein Geist seit nicht unbeträchtlicher Zeit in einem qualvollen Zustande. Dieses sind die Ursachen (ich nenne sie nicht als Entschuldigungsgründe), die mich oft zu Zornausbrüchen hingerissen oder mich unfähig für den ruhigen Lebensgenuß gemacht haben. Viel Schuld mag auch die lockere Lebensweise tragen, die ich durch meine frühe Selbstständigkeit mir angewöhnt hatte. —

Ich glaube Ihnen schon früher gesagt zu haben und scheue mich nicht, es zu wiederholen: Die Entbehrungen, die das Schicksal Einem auferlegt, zu ertragen, oder mit einem Worte — das Unglück selbst ist nichts; mein Stolz empört sich aber gegen die Unwürdigkeiten, die mir angesonnen werden.

Erinnern Sie sich noch der Verse, die ich Ih-

---

[43] Byrons Meinung über das Betragen seiner Gattin änderte sich binnen wenigen Monaten derartig, daß er sie in einem seiner leidenschaftlichsten Gedichte nennt: „Moralische Klytämnestra Deines Herrn!"

nen vor einem Jahre schickte und die Sie wohl noch haben? Ich mache zwar keinen Anspruch auf den Titel eines Sehers, aber waren jene Verse nicht etwas prophetisch? Ich meine das Gedicht, welches anfängt: „Die Welt schenkt keine Freude uns, der gleich, die sie uns raubt."[44] Ich glaube, dies ist das Wahrste, wenn auch das Schwermütigste, was ich je geschrieben. — —

Über das Benehmen gegen seine Gattin.

An Samuel Rogers.[45] 25. März 1816.

Sie sind einer der Wenigen, mit denen ich in einem intimeren Verhältnis gestanden habe und die mich zu Zeiten über meine unerwarteten Familienereignisse haben sprechen hören. Wollen Sie nun wohl die Freundlichkeit haben, mir offen zu sagen, ob Sie mich jemals von Lady Byron mit Nichtachtung oder Unfreundlichkeit haben reden hören, ob ich jemals auf ihre Kosten durch irgendeine Verdächtigung ihres Charakters mich verteidigt habe? Haben Sie mich nicht oft sagen

---

[44] There's not a joy the world can give like that it takes away.
[45] Der Verfasser von „Pleasures of Memory", worin ein wunderschönes Gedicht auf sein Zusammentreffen mit Lord Byron in Bologna.

hören: „wenn überhaupt die Frage nach dem Recht oder Unrecht hier am Platz sein könne, so sei das Recht jedenfalls auf Seiten meiner Frau" — ? Der Grund, warum ich an Sie oder andere meiner Freunde diese Fragen richte, ist das Gerede, ich hätte mich solcher Mittel zu meiner Verteidigung bedient.
Stets aufrichtig der Ihrige.

Byron.

Die Engländer in der Schweiz.

Tagebuch.   18. September 1816.

Auf dem Wege nach Chillon kam ich durch eine unvergleichlich schöne Gegend. Ging noch einmal durch das Schloß Chillon selbst. Auf dem Rückwege trafen wir eine englische Gesellschaft in einem Wagen, eine Dame darin war fest eingeschlafen, — fest eingeschlafen auf dem antinarkotischsten Fleck dieser Erde, — das ist zu köstlich.

Habe ich doch in Chamounir angesichts des Mont-Blanc selbst ein andres Frauenzimmer, natürlich auch eine Engländerin, zu ihrer Gesellschaft sagen hören: „Nein, ist es hier aber idyllisch!" Ganz als wäre sie in Highgate oder Hampstead, in Brompton oder Hayes. Idyllisch?! Felsen, Tannen, Gießbäche, Gletscher, Wolken und die Bergesgipfel mit ewigem Schnee bedeckt, hoch über die Wolken hinausragend, — und das nennen sie idyllisch!!

— — Der Führer, der uns Chillon mit seinen Merkwürdigkeiten zeigte, war so betrunken wie Blücher und — schien mir ein ebenso großer Mann.[46] Da er außerdem taub war und uns in Folge dessen für ebenso taub hielt, so brüllte er seine Geschichten förmlich heraus, sodaß Hobhouse wütend wurde. Wir sahen alles, vom Galgen herunter bis zu den Gefängnisverließen[47] und kehrten dann nach Clarens mit dem Gefühle größerer Freiheit zurück, als das 15. Jahrhundert sie besaß.

Ende von Byrons Schweizerreise.

Tagebuch.   29. September 1816.

In wenigen Stunden bin ich in Diodati und habe dann wenig mehr zu sehen, noch weniger zu sagen. — Auf dieser dreizehntägigen Tour habe ich Glück mit dem Wetter, Glück mit meinem Reisegefährten Hobhouse und Glück mit der ganzen Reise gehabt, abgesehen von un-

---

[46] Byrons Begeisterung für Napoleon verleitete ihn oft zu einer mehr als naiven Unterschätzung von dessen Gegnern.

[47] Der Dichter faßte hier die Idee zu dem kurz darauf geschriebenen Gedichte: „Der Gefangene von Chillon."

bedeutenden Widerwärtigkeiten, wie sie Einem auf der Reise auch durch ein weniger wildes Land passieren können. Ich bin ein leicht zu befriedigender Charakter. Ich liebe die Natur und bewundere ihre Schönheit. Anstrengungen und Entbehrungen kann ich ertragen und habe so einige der schönsten Punkte der Erde gesehen. Aber inmitten aller dieser Genüsse hat die Erinnerung an die bittere Vergangenheit und namentlich an meine häusliche Öde, die ich durch mein ganzes Leben hinschleppen muß, schwer auf mir gelastet. Nicht die Musik der Hirten, das Krachen der Lawinen, nicht Strom noch Berg, nicht Gletscher noch Wälder und Wolken haben auch nur einen Augenblick das schwere Gewicht von meinem Herzen gewälzt, oder mich mein eigenes unglückliches Selbst vergessen lassen, inmitten all der Majestät, Macht und Herrlichkeit um mich her, über und unter mir! — [48]

Aus Mailand.

An John Murray.[49]　　　Mailand, 15. Oktober 1816.

Ich war in der Ambrosianischen Bibliothek. Es ist eine schöne Sammlung, voll von edirten und unedirten Manuskripten, Stoff genug für Ihre

---

[48] Aus solcher Stimmung heraus entstand der „Manfred".
[49] Byrons Verleger in London; die Firma besteht noch heute.

Literati. Mich, der ich kein Gelehrter bin, hat eine Liebeskorrespondenz im Original zwischen Lucrezia Borgia und dem Kardinal Bembo am meisten ergötzt. Eine Locke ihres Haares liegt dabei.

Ich habe den Bibliothekar so weit gebracht, daß er mir von den Briefen eine Abschrift versprach, und ich hoffe, er wird Wort halten. Die Briefe sind kurz, aber sehr natürlich, zärtlich und ganz ihrem Zwecke entsprechend.

Die Bildergalerie Brera hat ein paar hübsche Bilder, als Sammlung aber ist sie unbedeutend. Ich verstehe zwar nicht viel von Malerei, doch gefällt mir ein Guercino „Abraham die Hagar und Ismael verstoßend," — natürlich und gut ausgeführt.

Die flämische Schule, die ich bei meiner Reise durch Flandern sah, verabscheue und verwünsche ich aufs Äußerste, — es mag Malerei sein, aber es ist keine Natur darin. Die Italienische Schule ist anmutig und zugleich ihr Ideal ist ein edles.

Die Italiener, die ich hier getroffen, sind sehr intelligente, angenehme Leute. In einigen Tagen werde ich den Dichter Monti kennen lernen.

A propos, da muß ich Ihnen eine Anekdote über Beccaria erzählen, der so prächtig gegen die Todesstrafe geschrieben hat. Kurze Zeit nachdem sein Buch erschienen war, stahl ihm sein Diener eine Uhr (wahrscheinlich in Folge der Lektüre des Buches). Beccaria, der eben mit der Korrektur der zweiten Auflage beschäftigt war, tat alles Mögliche, um seinen Diener hängen zu lassen!

Reisen in Oberitalien.

An Thomas Moore. Verona, 6. November 1816.

Mein lieber Moore!

Ihren Brief, den Sie vor meiner Abreise aus London an mich geschrieben, habe ich erst unlängst erhalten. Seit der Zeit habe ich ein gutes Stück von Europa gesehen und zwar Gegenden, die ich noch nicht kannte.

Vor einem Monate etwa ging ich über die Alpen von der Schweiz nach Mailand, welches ich erst vor wenigen Tagen verlassen habe, um mich nach meinem wahrscheinlichen Winterquartier Venedig zu begeben.

Gestern war ich an den Ufern des Benacus mit seinen fluctibus et fremitu. Catulls Sirmium hat noch seinen alten Namen und seine frühere Lage und um des Dichters willen gedenkt man noch gern der Stadt.

An dem Benacus fand ich die bekannte Sage von einer Stadt, die bei ruhigem Wasser tief unten zu sehen sein soll. Ich weiß nicht, ob irgendein geschichtlicher Anhalt dafür existiert, aber man hört solche Geschichten mit an und läßt sich erzählen, daß die Stadt bei einem Erdbeben versunken sei.

Heute gingen wir über die Grenze nach Verona und zwar auf einer wegen Spitzbuben übelberüchtigten Landstraße, wurden aber nicht belästigt. Ich bleibe in Verona einen oder zwei Tage, um die landläufigen Merkwürdigkeiten anzugaffen, als da sind: Amphitheater, Bildergalerie und wie sonst die zeitraubenden Dinge heißen mögen, die man sich auf einer Reise gefallen lassen muß.

Übrigens haben Catull, Claudian und Shakespeare für Verona's Ruhm mehr getan als die Stadt selbst für sich. Die Leute tun hier noch so, als wäre das Grab „aller Capuletti" zu sehen, — nun, wir werden ja bald wissen, was daran ist.

Unter den vielen Sehenswürdigkeiten in Mailand hat mir eine ganz besonders gefallen, nämlich der reizende Liebesbriefwechsel zwischen Lucrezia Borgia und Kardinal Bembo, (der, wie Sie stets sagten, trotzdem ein ausgezeichneter Kardinal gewesen sein kann). Außerdem sah ich hier eine Locke ihres Haares und einige spanische Verse von ihrer Hand, — die Locke war wunderschön. Ein Haar daraus nahm ich als Reliquie mit und wünschte nur, eine Kopie einiger Briefe zu besitzen; das war aber verboten — mir gleichgültig, — aber es war auch unmöglich und so mußte ich mich denn begnügen, ein paar davon auswendig zu lernen. Die Korrespondenz befindet sich in der Biblioteca Ambrosiana die ich oft besuche, nur um die Briefe zu lesen — zum großen Ärgernis des Bibliothekars, der mich lieber mit seinen verschiedenen wertvollen klassischen, philosophischen und gottseligen Manuskripten erbauen möchte. Ich halte mich aber an die Tochter des Papstes und wünsche nur, — ich wäre ein Kardinal.

Ich habe die schönsten Teile der Schweiz, die Gegenden am Rhein, an der Rhone und um die Schweizer und Italienischen Seen durchpilgert und verweise Sie bezüglich deren Schönheiten auf das Reisehandbuch. Der Norden Italiens ist einigermaßen frei von reisenden Engländern, der Süden aber soll von ihnen voll sein.

Lord Byron in Venedig.

An Thomas Moore.   Venedig, 17. November 1816.

Ich beabsichtige, den Winter über hierzubleiben, da abgesehen vom Orient Venedig stets die grünste Insel meiner Phantasie gewesen. Ich habe mich darin nicht enttäuscht gefunden, mag auch sein jetziger Verfall auf manchen Andern die entgegengesetzte Wirkung geübt haben. Ich habe wohl schon Ruinen genug gesehen, um zu wissen, was Zerstörung bedeutet. Außerdem habe ich mich hier verliebt, was die beste von fallen

Schlechtigkeiten ist, die ich begehen könnte, denn in den Kanal zu fallen nützt mir nichts, da ich schwimmen kann. Ich habe eine ganz ausgezeichnete Wohnung im Hause eines „Kaufmanns von Venedig" gefunden, den seine Geschäfte sehr in Anspruch nehmen und der eine Frau von 22 Jahren hat! Marianna (so heißt sie) ist in ihrer ganzen Erscheinung einer Antilope nicht unähnlich. Sie hat ganz die großen, schwarzen, orientalischen Augen mit dem eigentümlichen Ausdruck, den man selten bei den Frauen des übrigen Europa's findet. Ich kann den Einfluß, den diese Augen auf mich üben, gar nicht beschreiben. Ihre Züge sind regelmäßig, etwas scharfgeschnitten, kleiner Mund, zierliches Kinn, etwas bläßliche Farbe, eine herrliche Stirn. Ihr Haar ähnelt mit seiner dunkelschwarzen Lockenpracht dem der Lady Jersey. — —

P.S. 5. Dezember.

Seit meiner früheren Schilderung habe ich nicht viel hinzuzufügen und glücklicherweise auch nichts abzuschwächen. Ich bin mehr als je von meiner Venetianerin bezaubert und fange an, sehr ernsthaft in diesem Punkt zu werden — und zwar so sehr, daß ich lieber abbreche. — —

Um mich zu zerstreuen, studiere ich jetzt täglich in einem Armenischen Kloster die Armenische Sprache. Ich merkte, daß mein Geist eine etwas harte Nuß brauchte, um sich daran abzuquälen, und darum habe ich dieses schwierigste aller Mittel gewählt, um meinen Geist ein wenig zu sammeln und zu konzentrieren. Übrigens ist es eine reiche Sprache und belohnt Einen reichlich für die Mühe, sie zu erlernen. Ich versuche und werde aushalten, stehe aber nicht dafür, daß ich zum Ziele komme.

Die Franzosen errichteten vor vier Jahren eine Armenische Professur. Zwanzig Schüler erschienen Montag morgens mit dem ganzen Mute und der unverwüstlichen Energie der Jugend. Mit einer ihrer Nation würdigen Bravour hielten sie es bis zum Donnerstag aus, da unterlagen aber von den zwanzig Jünglingen fünfzehn dem sechsundzwanzigsten Buchstaben des Alphabets! Es ist allerdings, das kann ich zu ihrer Entschuldigung nicht verschweigen, das Waterloo der Alphabete.[50]

Von Venedig brauche ich Ihnen wohl nicht zu sprechen. Sie haben ja manche Beschreibung davon gelesen und die meisten sind treu. Es ist ein klassisches Stück Erde und für uns Engländer noch ganz besonders geweiht durch Shakespeare und Otway.[51] Ich habe mich noch nicht gegen

---

[50] Lord Byron hat länger ausgehalten. Wir haben von ihm eine wörtliche Übersetzung einer apokryphen „Epistel der Korinther an Paulus" und einer „Epistel Pauli an die Korinther" aus dem Armenischen.

[51] Thomas Otway (1651 — 1685), Dichter des „Geretteten

Venedig in Versen versündigt und weiß auch nicht, ob ich etwas zu Stande bringen kann, da ich seit meinem Übergang über die Alpen verstummt bin und auch jetzt noch kein Zucken meiner poetischen Ader verspüre.

A propos, Sie haben wahrscheinlich auch „Glenarvon"[52] gelesen. Madame de Staël lieh es mir im letzten Herbst. Meine Meinung darüber ist die: Hätte die Verfasserin die Wahrheit geschrieben, und nichts als die Wahrheit, rein und offen, so wäre ihr Buch nicht nur romantischer, sondern auch amüsanter geworden. Ähnlich kann das Bild nicht sein, — ich habe nicht lange genug dazu gesessen!

Lord Byrons 2. Januar.

An Murray. Venedig, 2. Januar 1817.

Heute ist der zweite Januar. Heute vor drei Jahren erschien der „Corsar". Heute vor zwei Jahren verheiratete ich mich („wen Gott lieb hat, den

---

Venedig".
[52] Lady Karoline Lamb, mit der Byron in London früher ein sehr intimes Verhältnis gehabt, schrieb, nachdem er sie verlassen, einen Skandalroman, „Glenarvon", dessen Held der Dichter unter einem andern Namen war. Das Buch hat seiner Zeit großes Aufsehen gemacht und ist als eine Hauptquelle der vielen erlogenen Erzählungen über des Dichters Lebenswandel zu betrachten.

züchtigt er", — ich werde diesen Tag sobald nicht vergessen), und ist es nicht wunderbar, daß ich gerade heute Ihren Brief erhalte, der mir das Erscheinen des III. Canto meines „Childe Harold" meldet, — an dem Jahrestage des „Corsaren"? Ebenso erhielt ich heute auch einen Brief von meiner Schwester, datiert vom 10. Dezember (dem Geburtstage meiner Tochter) und größtenteils von meiner Tochter selbst handelnd — und alles das kommt am 2. Januar meinem Hochzeitstage an, — in demselben Monat, in dem ich übrigens geboren bin,[53] und so könnte ich noch eine ganze Menge astrologischer Beobachtungen Ihnen mitteilen, wenn ich nur Zeit hätte. —

Zu Venedigs Sittengeschichte.

Aus demselben Briefe.

Mit Marianna stehe ich sehr gut. Sie ist auch keins der Weiber, deren man überdrüssig wird. Erstens werde ich nicht so leicht eines Weibes persönlich überdrüssig, wenn sie auch im Allgemeinen etwas langweiliger Natur sind; zweitens ist sie liebenswürdig und hat einen Takt, dessen sich das schöne Geschlecht auch nicht immer rühmen kann, — drittens ist sie schön, und viertens, — aber jetzt ist's wohl genug mit meinem Register.

---

[53] 22. Januar 1788.

Bis jetzt also haben wir uns ganz gut vertragen; um die Zukunft kümmere ich mich nicht, — carpe diem!

Im Allgemeinen herrscht hier noch dieselbe Moral wie zu den Zeiten der Dogen: nämlich nach dem hiesigen Sittenkodex ist eine Frau tugendhaft, die außer ihrem Manne nur einen Geliebten hat. Die Frauen, die zwei, drei oder mehr Liebhaber haben, gelten für ein bißchen wild; nur diejenigen, die sich dem ersten besten ergeben oder ein Verhältnis unter ihrem Range haben, — etwa wie die Prinzessin von Wales mit ihrem Stallknecht, den man dann mit dem Titel „Chevalier de Malta" bedenkt — werden verachtet und als Sünderinnen gegen die heiligen Rechte der Ehe angesehen.

In Venedig hat der Adel einen gewissen Penchant, sich mit Tänzerinnen und Sängerinnen zu verheiraten; und aufrichtig gestanden, die Frauen der höheren Stände sind hier keineswegs hübsch. Aber im Allgemeinen sind doch wenigstens die Frauen zweiter und dritter Klasse, die Weiber der Kaufherrn und Hausbesitzer und des guten Bürgerstandes meist bel sangue, und diese müssen denn auch zu den meisten Liebesgeschichten herhalten.

Es fehlt hier auch nicht an Beispielen von ganz erstaunlicher Ausdauer. Ich kenne eine fünfzigjährige Dame, die in ihrem ganzen Leben nur einen Liebhaber hatte, nach dessen frühem

Tode sie bigot wurde und sich mit ihrem Manne begnügte. Sie bildet sich natürlich schrecklich viel auf diese wunderbare Treue ein, spricht auch gelegentlich davon mit einem moralischen Stolz und Eifer, der köstlich ist.

Man kann hier unmöglich eine Frau davon überzeugen, daß sie doch eigentlich Unrecht tut, sich einen Amoroso zu halten. Das Hauptverbrechen besteht nur darin, dergleichen im geheimen zu treiben oder mehr als einen Liebhaber zu besitzen, sie müßte denn hierfür einen Generalpardon und die Erlaubnis ihres ersten Anbeters haben. — —

Abenteuer in Venedig.

An Thomas Moore. Venedig, 28. Januar 1817.

Ich freue mich, daß im Februar etwas von Ihnen erscheint, zittere aber bei all den Lobpreisungen, die Sie dem neuen Gesänge meines Childe Harold zu Teil werden lassen. Immerhin freut's mich, daß er Ihnen gefällt, es ist ein recht hübsches Pröbchen poetischer Trostlosigkeit und ganz nach meinem Geschmack. Ich war halbverrückt, während ich ihn schrieb, um mich herum hockten Metaphysik, Berge, Seen, unauslöschliche Liebe, unsagbare Gedanken und das Alpdrücken meiner Bergehen. Ich hatte manchen schönen Tag nicht übel Lust, mir eine Kugel durch den Kopf zu schießen, tat es aber lieber doch nicht, um meiner Schwiegermutter[54] nicht den Gefallen zu tun.

Vielleicht hätte ich es doch getan, wäre ich nur sicher gewesen, ich hätte sie noch nach meinem Tode als Gespenst ängstigen können. — Aber fort mit diesem kleinlichen Familienplunder!

Venedig ist jetzt auf dem Gipfel des karnavalistischen Jubels. Die letzten beiden Nächte habe ich auf der Redoute, im Opernhaus und an dergleichen lustigen Stätten mehr zugebracht.

Jetzt aber ein kleines Abenteuer. Vor einigen Tagen bringt mir da ein Gondolier ein Billet ohne Unterschrift. Die Schreiberin wünschte darin, mich irgendwo in einer Gondel oder auf der Isola di San Lazaro oder an einer näher im Billet bezeichneten dritten Stelle zu treffen. — Statt jeder Antwort sagte ich, alle drei Rendezvous behagten mir nicht, ich würde aber entweder Abends 10 Uhr allein zu Hause sein oder um Mitternacht mich auf der Redoute einfinden, wo die Schreiberin mich maskiert treffen könnte.

---

[54] Lord Byron warf nach dem Verrat, den seine Gattin an ihm geübt, seinen Groll mehr auf die wahrscheinlichen Anstifter seines häuslichen Unglücks: die Mutter seiner Gattin und eine Art weiblichen Faktotums in deren Hause. Auf Letztere bezieht sich die schneidige Satire: „Born in the garret, in the kitchen bred".

Um 10 Uhr war ich ganz allein auf meinem Zimmer (Marianna war mit ihrem Herrn Gemahl zu einer Conversazione gegangen), — als sich meine Tür auftut und ein recht hübsches und für eine Italienerin sogar blondes Mädchen von 19 Jahren hereintritt, die mir erzählt, sie sei mit dem Bruder meiner Amorosa verheiratet und wünsche, mit mir bekannt zu werden.

Ich erwiderte ihr ein paar höfliche Worte und so führten wir denn eine kleine Unterhaltung auf Italienisch und Griechisch (ihre Mutter war nämlich eine Griechin aus Korfu), — als plötzlich zu meinem nicht geringen Erstaunen Marianna S... in propria persona eintritt, nach einem zierlichen Knicks zu mir und ihrer Schwägerin ohne eine Wort zu äußern letztere bei den Haaren packt und ihr ungefähr ein Dutzend Ohrfeigen gibt, deren bloßes Echo Ihnen schon Kopfschmerzen gemacht hätte.

Ich brauche Ihnen den Spektakel, der jetzt folgte, nicht zu beschreiben. Meine unglückliche Besucherin ergriff die Flucht. Ich hielt Marianna fest, die vergebliche Anstrengungen machte, ihre Nebenbuhlerin zu verfolgen, und dann in meinen Armen in eine niedliche Ohnmacht fiel. Das dauerte dann so bis Mitternacht fort trotz freundlichen Zuredens, Eau de Cologne, Essig, einer halben Karaffe Wasser und Gott weiß, was noch für Sorten Wasser.

Ich zankte meine Diener tüchtig aus, daß sie

Jemand zu mir hatten eintreten lassen, ohne mir's zu melden, und erfuhr dann, daß Marianna am Morgen den Gondolier ihrer Schwägerin auf meiner Treppe getroffen hatte, daß sie, nichts Gutes ahnend, heimlich Abends aus ihrer Conversazione sich entfernt und so diesen Faustkampf herbeigeführt hatte.

Ich war nicht so ganz unbekannt mit dergleichen Anfällen, hatte ich doch schon so manche auf und außerhalb unserer Insel gesehen.

Aber dies war noch nicht Alles. Nach etwa einer Stunde kommt — ja, nun raten Sie, wer? — Signor S..., ihr angetrauter Ehegatte und findet mich und seine auf dem Sofa ohnmächtig daliegende Frau, — Alles in schrecklichster Verwirrung, aufgelöstes Haar, Hüte, Taschentücher, Riechfläschchen rund umher, und die Frau aschbleich, ohne Bewußtsein und Bewegung.

Der Herr Gemal fragte mich, was das bedeute. Signora gab ihm keine Antwort, —- ich desgleichen. Schießlich sagte ich ihm aber, die Geschichte wäre die einfachste von der Welt, einstweilen wäre es indes gescheiter, seine Frau wieder zu sich zu bringen. Es dauerte auch nicht lange, so war Alles wieder in Ordnung.

Sie brauchen sich nicht zu ängstigen, — Eifersucht ist in Venedig nicht an der Tagesordnung und der Dolch nicht mehr Mode; Duelle aber wegen Liebesaffären, namentlich mit den Ehemännern, sind eine ganz unbekannte Sache.

Trotz alledem aber war es eine fatale Geschichte, denn mochte er auch gewußt haben, daß ich mit Marianna ein Verhaltnis hatte, so war ihm doch unbekannt, wie weit wir hielten. Jedermann weiß hier zwar, daß eine verheiratete Frau einen Liebhaber hat, aber wie bei andern Völkern sucht man auch hier wenigstens die Form zu wahren.

Ich wußte also nicht, was zum Teufel ich sagen sollte. Die Wahrheit konnte ich doch nicht gestehen, ihretwegen oder gar meinetwegen zu lügen paßte mir nicht, — die Sache sprach übrigens für sich selbst.

Schließlich dachte ich, das Beste ist, sie erzählt ihm selber die Geschichte (die Frauen sind nie in Verlegenheit deswegen, dazu ist der Teufel viel zu gut Freund mit ihnen). Nur war ich entschlossen, sie im schlimmsten Falle zu schützen und vor irgendeinem Wutausbruch des Signore in Sicherheit zu bringen. Ich sah, daß er sehr gefaßt war. Sie ging dann schlafen und am nächsten Tage hatten sie sich ausgesöhnt, — wie, weiß ich nicht.

Alsdann mußte ich natürlich Marianna eine Aufklärung geben über diese vermaledeite Schwägerin, und das tat ich denn unter Beteuerung meiner Unschuld, Schwüren ewiger Treue u.s.w. Die Schwägerin aber hatte aus Ärger über diese schlechte Behandlung, ohne sich im Geringsten zu genieren, die Geschichte der halben Stadt erzählt und die Diener, die den Zank und die Ohnmacht mit angesehen, der andern Hälfte der Stadt. Hier kümmert sich aber kein Mensch um solche Kleinigkeiten, höchstens amüsiert man sich darüber.

Ich weiß nicht, ob Sie's ebenso machen werden. Der Brief ist durch diese dummen Streiche lang genug geworden.
Stets der Ihrige
Byron.

Marianna.

An Thomas Moore.   Venedig, 25. März 1817.

Ich bin noch immer verliebt und das ist das größte Hindernis, einen Ort zu verlassen, — aber in Venedig kann ich nicht länger bleiben. Was ich unter solchen Umständen anfangen soll, weiß ich nicht. Das Weib möchte gern mit mir gehen, aber das kann ich schon ihretwegen nicht tun. Ich habe wegen dieser Liebesgeschichte schon soviel innere Kämpfe durchgemacht, daß ich fast glaube, ich verdanke denselben mein Fieber.

Ich bin ihr freilich sehr zugetan und habe auch alle Ursache dazu. Sie hat aber ein Kind, und wenn sie auch gleich allen Töchtern dieser Sonne nach nichts weiter als ihrer Liebe fragt, so muß ich doch an Beide denken, und nur solche tugendhaften Seelen wie meine Frau bekommen es fertig, Gatten und Kind zu verraten und doch hinterher glücklich und in Freuden zu leben!

P.S.

Marianna, der ich das Vorstehende übersetzen mußte, sagt: „Wenn Du mich wahrhaft liebtest, so würdest Du nicht so fein philosophieren, — das ist alles nur gut per forbirsi i scarpi", d. h. sich die Schuhe damit zu putzen, — auch so ein Venetianisches Sprichwort, womit man über Vernunftgründe aller Art sich hinwegsetzt.

Honorar für den IV. Gesang von Childe Harold.

An Murray.   Venedig, 4. September 1817.

Sie bieten mir 1500 Guineen für den letzten Gesang — die nehme ich nicht. Ich verlange 2500 Guineen dafür, die Sie mir geben werden oder nicht, ganz wie es Ihnen beliebt. Der Gesang schließt das Werk ab und besteht aus 144 Stanzen. Die Anmerkungen sind sehr zahlreich und größtenteils von Herrn Hobhouse's Hand, der sich große Mühe damit gegeben hat und von Rom und seinen Umgebungen mehr weiß, als je ein Engländer seit Gibbon.

Um übrigens jedes Mißverständnis zu vermeiden, bemerke ich, daß Herr Hobhouse an dem Honorar in keiner Weise interessiert ist, sodaß Sie nicht glauben dürfen, ich verlange seinetwegen mehr als für den vorigen Gesang. Nein,

— aber wenn Sie Herrn Eustace 2000 Guineen für ein Gedicht „über die Erziehung" bezahlen, wenn Moore 3000 Guineen für Lalla Rookh und Campbell 3000 Guineen für seine Prosa „über Poesie" bekommen, — ich will damit keineswegs die Arbeiten dieser Herren unterschätzen — so kann ich wohl obigen Preis für mein Werk fordern [55]

Sie können mir erwidern, deren Arbeiten sind länger. Sehr wahr, und wenn jene ihre Werke verkürzen, so will ich meine länger machen und weniger verlangen. Zeigen Sie das Manuskript Herrn Gifford und noch zwei Sachverständigen, und wenn diese den vierten Gesang geringer schätzen als die vorhergehenden, so will ich weiter nicht gegen deren Urteil appellieren, sondern das Manuskript verbrennen, — und Alles bleibt, wie es gewesen.

Ihr sehr ergebener   Byron.

---

[55] Zur Erklärung möge dienen, daß Lord Byron bis zum Jahre 1816 niemals Honorar für seine Werke annahm. Die 144 Stanzen des 4. Gesanges des „Childe Harold" wuchsen später auf 186 an und umfassen also 1674 Verszeilen, wofür der Dichter die Kleinigkeit von 17,500 Talern forderte — und natürlich erhielt.

Lord Byron über die zeitgenössische Poesie Englands.

An denselben.   La Mira bei Venedig, 15. September 1817.

Was die Poesie im Allgemeinen anlangt, so bin ich, je mehr ich darüber nachdenke, immer fester der Überzeugung, daß wir allesamt — Scott, Southey, Wordsworth, Moore, Campbell und ich — auf dem falschen Wege sind, einer wie der andere. Wir folgen alle einem innerlich falschen, revolutionären System, das keinen Dreier wert ist, — nur Rogers und Crabbe sind frei davon. Unsere oder die nächste Generation wird noch zu derselben Überzeugung gelangen. Ich bin um so mehr davon durchdrungen, als ich jüngst einige unserer Klassiker studiert habe, namentlich Pope. Ich machte folgendes Experiment: ich nahm Moore's Gedichte, meine eigenen und noch ein paar andere vor, verglich sie Seite für Seite mit Pope's Gedichten, — und war wahrhaft erstaunt und beschämt, welch himmelweiter Unterschied zwischen dem kleinen Manne aus der Zeit der Königin Anna und uns Jüngeren in Bezug auf gesunden Verstand, Wissen, poetische Kraft und Phantasie, Energie und Originalität besteht. Glauben Sie sicher, Pope ist ein Horaz und wir nur Claudiane, und könnte ich noch einmal von vorn anfangen, so würde ich's sicher ganz anders machen.[56]

---

[56] Eine Marotte Byrons, die sich mit der Zeit verlor, ähnlich

Über die Entstehung des Manfred.

An denselben. Venedig, 12. Oktober 1817.

Besten Dank für die „Edinburgh Review", die sich sehr freundlich über den Manfred äußert und seine Originalität verteidigt, von der ich gar nicht wußte, daß man sie angezweifelt hatte.[57] Ich habe niemals Marlowe's Faustus gelesen und kann mich auch nicht erinnern, ihn jemals gesehen zu haben, habe auch gar keine dramatischen Werke bei mir außer Ihren jüngsten Publikationen. Nur hat mir Herr Lewis im letzten Sommer einige Szenen von Goethe's Faust mündlich übersetzt, darunter manche gut, manche schlecht, — das ist Alles, was ich von jener geheimnisvollen Persönlichkeit weiß.

Die Quellen meines Manfred können Sie in dem Tagebuch finden, das ich an Mrs. Leigh[58] schickte. Es stammt aus der Zeit, wo ich den Dent de Jument, die Wengi-Alp und Rigi-Scheideck erstieg und um die Jungfrau und das Schreckhorn herum meine Reise durch die Schweiz beendigte. Die ganze Szenerie des Manfred steht so lebhaft vor mir, als hatte ich sie gestern gesehen.

---

der, mit welcher er hartnäckig Pope den Vorzug vor Shakespeare gab oder zu geben schien.

[57] Man wollte im „Manfred" Anklänge an Marlowe's und an Aeschylus' Prometheus gefunden haben.

[58] Lord Byrons verheiratete Halbschwester Augusta.

Für den „Prometheus" des Aeschylus schwärmte ich einst als Knabe, er war eins von den Griechischen Stücken, die wir dreimal jährlich in Harrow[59] lasen. „Prometheus" und „Medea", auch noch die „Sieben vor Theben" waren die einzigen, die mir gefielen. Der „Prometheus" hat zwar keinen Einfluß auf den Plan des Manfred gehabt, sitzt mir aber so fest im Gedächtnis daß ich leicht begreifen kann, wie er auf Alles, was ich überhaupt geschrieben habe, seinen Einfluß üben könnte. Den Einfluß Marlowe's aber und aller ähnlichen Werke bestreite ich und hoffe, Sie werden dasselbe tun.

Venetianische Liebschaften und kein Ende.

An denselben.   Venedig, 27. Januar 1818.

Es ist wieder einmal der Gipfel der Karnavaltollheit und ich bin bis über die Ohren in einer neuen Liebesgeschichte. Wer und wie, wissen die Götter, — nur so viel weiß ich, daß sie unersättlich leidenschaftlich und uneigennützig ist, helles Haar und blaue Augen hat, die hier etwas Ungewöhnliches sind. Ich treffe sie auf den Maskeraden, und wenn sie die Maske abnimmt,

---

[59] Siehe Anmerkung auf Seite 1.

so bin ich genau so klug als vorher. Nun, ich will mein Restchen Jugend genießen, so gut ich irgend kann!

Lord Byron als Vater.

An Thomas Moore. Venedig, 2. Februar 1818.

Ihr Brief vom 8. Dezember ist erst heute in meine Hände gelangt, solche Verspätungen sind sehr häufig, mir aber ganz unerklärlich.

Ihr häusliches Unglück[60] ist sehr schmerzlich und ich fühle mit Ihnen so tief, wie mir's überhaupt noch möglich ist. So lange ich lebe, nehme ich an allen Ihren Freuden und Leiden den innigsten Anteil, und mag mein Herz noch so sehr ebben, ein Blutstropfen bleibt stets darin, der für Sie fühlt.

— — Ich kann ihren Schmerz wohl begreifen, da ich mit der allen Menschen angebornen Selbstsucht ganz in meinen eigenen Kindern aufgehe. Ich habe nämlich außer meiner legitimen Tochter noch eine kleine illegitime, und eine von diesen betrachte ich stets als die Stütze meines Alters, vorausgesetzt daß ich — was ich keineswegs wünsche — so lange lebe. Ich hege die innigste Liebe zu meiner kleinen Ada, mag

---

[60] Thomas Moore hatte damals em Kind durch den Tod verloren.

sie mich einst auch ebenso quälen wie ihre Mutter!

— Ihre Widmung akzeptiere ich dankbarst. Ich kümmere mich zwar nicht sehr darum, was die Jammerseelen der Welt von mir denken, darüber bin ich längst hinaus, aber ich gebe sehr viel auf Ihre Meinung, — also nur immer offen heraus damit!

Die schlechten Übersetzer.

An Mr. Hoppner.[61]   Venedig, 28. Februar 1818.

Wertester Herr!

Unser gemeinschaftlicher Freund Graf Mosti brachte mich gestern Abend in kalten Schweiß, indem er mir von einer Italienischen Übersetzung des Manfred erzählte, die mir drohte, — um die Geschichte vollständig zu machen, wahrscheinlich ins Venetianische! — Wenn Sie irgendwie mit dem Übersetzer in Beziehung stehen, so teilen Sie ihm wohl freundlichst mit, daß ich ihm jede beliebige Summe biete, die er für sein Werk bekommen zu können glaubt, unter der Bedingung, daß er seine Übersetzung sofort ins Feuer wirft und verspricht, keine neue von diesem oder irgend einem meiner Werke mehr zu unternehmen. Geht er auf diese Bedingung ein,

---

[61] Englischer Konsul.

so schicke ich ihm unverzüglich sein Geld.

— Da ich weder für die Italiener noch über die Italiener geschrieben habe (außer in einem noch unveröffentlichten Gedichte, in dem ich alles Gute über sie sage, was ich weiß oder auch nicht weiß, und alle Fehler verschwiegen habe)[62], so wünschte ich, sie ließen mich in Ruhe und schleppten mich nicht in ihre Arena wie einen ihrer Gladiatoren.[63]

Lord Byron über sein häusliches Unglück.

An Thomas Moore. Venedig, 1818.

Ich wünsche Ihnen gute Nacht oder wie ein Venetianischer Wunsch heißt: „Benedeto te, e la terra che ti farà!" Ist das nicht hübsch? Und Sie würden es für noch hübscher halten, hätten Sie es, wie ich vor zwei Stunden, von den Lippen eines Venetianischen Mädchens gehört mit großen, schwarzen Augen, einem Gesicht wie das der Faustina und dem Wuchs einer Juno oder einer Pythia, — mit blitzenden Augen und dem

---

[62] Beppo.
[63] Der Übersetzer gab erst nach, als Lord Byron ihm hatte sagen lassen, er werde ihn öffentlich durchpeitschen, wenn er es wage, sein poetisches Werk zu entstellen.

dunkeln im Mondlicht glänzenden Haar — ein Weib, aus dem man alles machen könnte. Ich bin sicher, wenn ich ihr einen Dolch in die Hand gäbe, sie stieße ihn Jedem in die Brust, den ich ihr zeigte, — und mir selbst, wenn ich sie beleidigte!

Ich liebe diese Spezies und bin überzeugt, ich hätte Medea jedem lebenden Weibe vorgezogen. Sie wundern sich vielleicht, warum ich dann nicht auch meiner Frau vergebe, — ich hätte ihr Dolch und Gift verzeihen können, aber nicht die kaltberechnete Vernichtung, die sie auf mich häufte, als ich einsam an meinem Herde stand und rings um mich meines Hauses Laren zerschmettert lagen!

Meinen Sie, ich habe das vergessen oder vergeben? Nein, — dies hat allmählich jedes andere Gefühl in mir übertäubt und ich bin nur noch ein Zuschauer auf Erden, bis eine zehnfache Vergeltung sich mir bietet. Sie wird schon kommen![64]

---

[64] Man vergleiche mit dem Inhalt dieses Briefes die großartige Beschwörung der Nemesis im Childe Harold, Canto IV, Strophe 132—137, die der Dichter in demselben Jahre geschrieben. Überhaupt enthalten seine Briefe vielfach Wiederholungen von Stellen aus seinen Dichtungen, und umgekehrt.

Lord Byron über Sheridan.[65]

An Thomas Moore.   Venedig, 1. Juni 1818, Palazzo
Mocenigo, Canal grande.

Die Biographie eines Mannes wie Sheridan kann man viel unterhaltender machen als eine von Wilberforce, und zwar ohne den Lebenden Anstoß zu geben und ohne den Toten zu beschimpfen. Die Whigs, deren getreuer Anhänger er stets war, haben ihn verspottet, aber solche Verleumder verdienen gar keinen Glauben und keine Nachsicht.

Und seine Gläubiger? — Vergessen Sie doch nicht, daß Sheridan nie einen Schilling sein eigen nennen konnte, daß er in der Vollkraft seines Talents und seines leidenschaftlichen Charakters in die unbarmherzige Welt hinausgestoßen wurde und auf der Höhe des Erfolges angelangt keine äußeren Mittel besaß, sich in seiner Stellung zu erhalten. Hat denn Fox seine Schulden bezahlt, und hat Sheridan wie jener eine allgemeine Kollekte für sich veranstalten lassen? Ist etwa des Herzogs von Norfolk's Trunksucht eher zu entschuldigen? — —

— — Lassen Sie sich nicht durch die allgemeine Verleumdung mit hinreißen, sondern vergleichen Sie ihn mit Fox und Burte und Hunderttausenden als Mann von Charakter und als Ta-

---

[65] Verfasser der noch heute hochberühmten „Lästerschule".

lent, und Sie werden sagen, er übertraf sie alle zusammen. Ohne Mittel, ohne Konnexionen, ohne Ausdauer hat er sie doch alle hinter sich gelassen und zwar in Allem, was er ansing. O über die Armseligkeit der menschlichen Natur!

Gute Nacht oder vielmehr guten Morgen. Es ist vier Uhr und das Frührot schimmert über dem Canal und die Schatten des Rialto fliehn. Ich muß zu Bett. Die ganze Nacht war ich auf, aber es ist doch Leben, das wahre Leben!

Stets der Ihrige

Byron.

Margarita Cogni, la Fornarina.

Aus einem Briefe an Thomas Moore.

Im Sommer 1817 ritten wir, A... und ich, eines Abends die Brenta entlang, als wir unter einer Gruppe von Bauern zwei der schönsten Mädchen bemerkten, die wir je gesehen.

Um diese Zeit war in Venedig ein großer Notstand gewesen und ich hatte das arme Volk ein wenig unterstützt. Man kann hier mit den Venetianischen Lire bei geringen Kosten ein großer Wohltäter werden und meine Unterstützungen mag man wohl wie bei allen Engländern noch übertrieben haben.

Ob die Mädchen gesehen, daß wir auf sie

aufmerksam geworden, weiß ich nicht, aber die eine rief mir im Venetianischen Dialekt zu: „Wenn Sie den Andern helfen, warum vergessen Sie denn uns?" Ich wandte mich zu ihr und erwiderte: „Cara, tu sei toppo bella e giovane per aver bisogna del soccorso mio",[66]— worauf sie meinte: „Wenn Sie meine Hütte und mein Essen sähen, würden Sie anders sprechen". Alles das in reinem Scherz, und mehrere Tage sah ich nichts mehr von ihr.

Einige Tage nachher trafen wir die beiden Mädchen wieder; sie redeten uns wieder dringend an und versicherten uns, sie sprächen die reine Wahrheit. Sie waren Cousinen, Margarita war verheiratet, die andere ledig. Da ich noch an ihrem Elend zweifelte, so nahm ich die Sache anders und verabredete für den nächsten Abend ein Rendezvous.

Kurz, in wenigen Abenden lernten wir uns kennen und lange Zeit war sie die Einzige, die einen viel angefochtenen, aber stets behaupteten Einfluß auf mich ausübte.

Der Hauptgrund war ihre Persönlichkeit. Sie war sehr brünett, schlank, ein echt Venetianisches Gesicht, sehr schwarze Augen — und 22 Jahre alt.

Sie war durch und durch Venetianerin in ihrer Sprache, ihrer Denk- und Lebensweise, mit der

---

[66] „Liebes Kind, Du bist viel zu schön und jung, um meiner Hilfe zu bedürfen."

ganzen lustigen Naivität eines Pantalone. Außerdem konnte sie weder lesen noch schreiben und quälte mich also nicht mit Briefen, nur zweimal bezahlte sie einen öffentlichen Schreiber auf der Piazza, der ihr einen Brief schreiben mußte, als ich einmal krank war und sie nicht bei mir sehen konnte. Gewöhnlich war sie sehr hochmütig und prepotente, trat zu mir ins Zimmer, wann es ihr beliebte, ohne sich irgendwie um Zeit oder Personen zu kümmern; wollte ein Frauenzimmer sie zurückhalten, so warf sie sie einfach über den Haufen.

Im Anfange meiner Bekanntschaft mit ihr hatte ich eine relazione mit der Signora S..., die dumm genug war, ihr eines Abends in Gegenwart verschiedener Freundinnen zu drohen, denn das klatschsüchtige Weibervolk hatte entdeckt, daß ich spät ausritt, um die Fornarina zu treffen. Margarita warf ihren fazziolo[67] zurück und antwortete im reinsten Venetianisch: „Du bist nicht seine Frau und ich bin nicht seine Frau. Du bist seine Donna und ich bin seine Donna. Dein Mann ist ein Tölpel und meiner nicht minder. Was hast Du also für ein Recht, mir Vorwürfe zu machen? Wenn er mich Dir vorzieht, ist das mein Fehler? Wenn Du ihn festhalten willst, so binde ihn doch mit Deinem Unterrockband fest. Bilde Dir aber nicht ein, daß ich Dir eine Ant-

---

[67] Schleier.

wort schuldig bleiben werde, weil Du zufällig reicher bist als ich!" — Nach diesem Pröbchen ihrer Beredsamkeit ging sie ihres Weges. — —

Als ich im Winter nach Venedig kam, folgte sie mir, und da sie bald merkte, sie wäre mein Liebling, so kam sie sehr oft zu mir. Aber sie hatte einen unbegrenzten Hochmut und konnte keine andre Frau bei mir sehen. Auf der Cavalchina, einem Maskenball in der letzten Nacht des Karneval, den alle Welt besucht, riß sie der Signora Contarini, einer Dame von adliger Herkunft, die Maske vom Gesicht, bloß weil sie sich zufällig auf meinen Arm gestützt hatte. Sie können sich den abscheulichen Skandal vorstellen, der nun entstand. Das ist aber nur einer ihrer vielen tollen Streiche.

Schließlich zankte sie sich auch mit ihrem Manne und eines Abends lief sie ihm weg und kam in mein Haus. Ich mochte ihr sagen, was ich wollte, sie blieb dabei: lieber wollte sie auf offener Straße schlafen, als zu ihm zurückkehren; er habe sie geschlagen (arme, schöne Tigerin!), ihr Geld vergeudet und sie aufs Abscheulichste vernachlässigt.

Da es schon Mitternacht war, so hieß ich sie dableiben und am nächsten Morgen konnte ich sie nicht bewegen, das Haus zu verlassen. Ihr Mann kam schreiend und weinend angelaufen und bat sie, doch wieder zu ihm zu kommen, —

sie wollte aber nicht. Er wandte sich an die Polizei und die kam auch zu mir. Ich sagte der Polizei wie ihrem Manne, sie möchten sie nur zurücknehmen, ich wüßte mit ihr nichts anzufangen; sie sei aus freien Stücken gekommen und zum Fenster könne ich sie doch nicht hinauswerfen; sie möchten sie aber durchs Fenster oder durch die Tür mitnehmen, ganz wie sie wollten.

Sie ging zum Polizeikommissarius, mußte aber doch dem „schwindsüchtigen Hunde", wie sie ihren Mann nannte, folgen. Nach ein paar Tagen rannte sie wieder fort und nach einer sehr bösen Szene ließ sie sich bei mir nieder, aber ehrlich und offen — ganz ohne meine Erlaubnis, nur Dank meiner Faulheit und der Unmöglichkeit, ihr gegenüber ernst zu bleiben. Denn wenn ich auch anfing, wütend zu werden, so brachte sie mich doch durch irgend einen ihrer Venetianischen Spaße zum Lachen; die Hexe wußte das ganz gut und bediente sich auch all ihrer andern Überredungskünste mit der ganzen ihrem Geschlechte eigenen Geschicklichkeit,

Als nun gar Madame Benzoni sie auch noch unter ihren Schutz nahm, da wurde das arme Ding vollends närrisch. Sie bewegte sich überhaupt immer in Extremen, entweder lachte sie wie toll oder sie weinte. — — Sie war ein hübsches Tier, aber gänzlich unzähmbar. Ich war der Einzige, der sie in Ordnung halten konnte, denn wenn sie mich wirklich wütend sah, — ich soll dann nämlich furchtbar aussehen — so gab sie klein bei.

Tausend Narrheiten steckten ihr im Kopf. In ihrem einfachen, armseligen Fazziolo sah sie ganz prächtig aus, aber du lieber Gott, sie wollte einen Hut mit Federn haben, und ich mochte sagen, was ich wollte, es half alles nichts gegen diesen verrückten Einfall. Den ersten verbrannte ich, aber sie hielt es länger aus, neue zu kaufen, als ich, sie zu verbrennen.

— — Außerdem prügelte sie alle Frauenzimmer im Hause und unterschlug mir meine Briefe. Eines Tages fand ich sie nachdenklich mit einem Briefe in der Hand. Sie suchte aus dem Äußeren des Briefes zu erraten, ob er von einer Frau käme. Sie jammerte über ihre Unwissenheit und fing wirklich an, lesen zu lernen, um, wie sie mir ganz offen sagte, alle an mich adressierten Briefe lesen zu können.

Ich muß übrigens ihren häuslichen Tugenden Gerechtigkeit widerfahren lassen. Seit sie als Donna di governo in mein Haus gekommen, betrugen meine Ausgaben nur die Hälfte und Jeder tat besser, was seines Amtes; die Zimmer waren in Ordnung und alles Andere desgleichen, — nur sie nicht.

Sie hatte mich in ihrer ungestümen Weise recht lieb und hat mir das oft bewiesen. Im Herbst war ich eines Tages mit meinen Gondolieren nach dem Lido gefahren; unterwegs überraschte uns ein heftiger Sturm und unsere Gondel geriet in Gefahr. Unsere Hüte flogen über Bord, das Boot füllte sich mit Wasser, ein Ruder ging zum Teufel, dazu die hohe See, Donner, Regen in Strömen und die Nacht kam herein und noch immer raste der Sturm.

Nach heftigem Kampf mit den Wellen zurückgekehrt, fand ich sie auf der offenen Treppe des Palazzo Mocenigo sitzen, dicht am Canal grande; ihre großen, dunkeln Augen blitzten durch Tränen und das lange schwarze Haar ringelte sich in nassen Locken über die Wangen und die Brust. Sie sah aus wie Medea oder eine Beschwörerin des Sturmes, — das einzige menschliche Wesen außer uns an dieser Stelle.

Als sie mich wohlbehalten zurückgekehrt sah, ließ sie sich gar keine Zeit, mich etwa zu bewillkommnen, wie man wohl hätte erwarten können, sondern rief mir entgegen: „Ah, gran can della Madona, xe esto il tempo per andar al Lido?"[68] Dann lief sie ins Haus und tröstete sich damit, daß sie die Bootsleute auszankte, weil sie nicht den Sturm vorhergesehen hätten.

Meine Diener erzählten mir, sie habe in einem Boot mir nachfahren wollen, nur hätten alle Gondoliere des Kanals sich geweigert, bei solchem Wetter sich hinauszuwagen.

Ihre Freude beim Wiedersehen war mit einer

---

[68] „O du großer Hund der heiligen Jungfrau, ist das eine Zeit, um nach dem Lido zu fahren?"

ziemlichen Portion Wildheit gemischt und sie kam mir ganz vor wie eine Tigerin, die ihre geraubten Jungen wiederfindet.

Aber das Ende ihrer Herrschaft nahte heran. Sie wurde schließlich so eigensinnig, daß ich beschloß, mich von ihr zu trennen. Ich sagte ihr in meinem ruhigsten Tone, sie müsse wieder nach Hause gehen, was sie aber verweigerte. Diesmal blieb ich fest und nun drohte sie mir mit Dolch und Rache. Ich erwiderte ihr, ich hatte schon manchen Dolch auf mich gezückt gesehen, und wenn sie wollte, so läge ein Messer auf dem Tische und obendrein eine Gabel zu ihrer Verfügung, — damit würde sie mich nicht einschüchtern.

Nächsten Tages sitze ich bei Tische, als sie hereinstürzt, — nachdem sie als Prolog eine Glastür zerbrochen, die nach der Treppe führte — reißt mir das Messer aus der Hand und verwundet sich dabei am Daumen. Ob sie das Messer gegen mich oder sich selbst gebrauchen wollte, — wahrscheinlich gegen Keinen — weiß ich nicht, Fletcher aber packte sie beim Arm und entwaffnete sie. Ich rief meine Bootsleute, ließ sie die Gondel holen und Margarita nach Hause fahren. — Sie schien ganz ruhig und ging die Treppe herunter. Ich setzte mich wieder zu Tische.

Plötzlich hören wir einen großen Lärm, gehen heraus und treffen die Leute, die sie die Treppe hinauftragen. Sie hatte sich in den Kanal gestürzt. Daß sie beabsichtigte, sich das Leben zu nehmen, glaube ich nicht; wenn man aber bedenkt, was die Venetianer, die doch fortwährend auf dem Wasser leben, für eine Angst vor tiefem wie flachem Wasser haben, so muß man gestehen, sie hatte den Teufel im Leibe, um in kalter, dunkler Nacht sich ins Wasser zu werfen. Sie war übrigens sofort ohne Schaden herausgefischt worden, nur hatte sie eine Menge Salzwasser geschluckt und triefte am ganzen Leibe.

Ich merkte wohl, sie wollte sich auf die Weise wieder bei mir eindrängen, und schickte deshalb nach einem Arzt, den ich fragte, wie viel Stunden sie brauche, um sich zu erholen. Dann sagte ich ihr: „Ich lasse Dir so viel Zeit, wie der Arzt sagt; wenn Du dann aber nicht das Haus verläßt, so verlasse ich es. — . —

— —Nachdem sie sich erholt hatte, schickte ich sie ruhig nach Hause und habe sie nur noch zweimal in der Oper wiedergesehen. Sie machte da den Versuch, zu mir zurückzukommen, aber es nützte ihr nichts. — Und das ist die Geschichte von Margarita Cogni, wenigstens soweit ich dabei eine Rolle spiele.

Ich habe vergessen, daß sie sehr fromm war und sich jedesmal bekreuzte, wenn von den Kirchen die Glocke zum Gebete ertönte. — —

Die Moral des Don Juan und der Beifall der Menge.

An Murray. Venedig, 25. Januar 1819.

Ich habe mir Ihre Gründe alle ruhig nennen lassen und somit ist es vollkommen überflüssig, Ihnen irgendetwas zu Gunsten meines Werkes und zur Erklärung meiner poetischen Eigenliebe zu sagen, — ich bleibe dabei: ich protestiere.[69] Wenn mein Gedicht poetisch ist, dann wird es sich halten, wenn nicht, wird es untergehn; alle übrigen Einwände sind nur von so kurzer Dauer wie ein Saffianschuh und haben mit den Erzeugnissen menschlichen Geistes gar nichts zu schaffen. Das einzige, was ein Werk zu Falle bringt, ist — die Langeweile.

Die Heuchelei, die heute in England herrscht, verachte ich, wie ich stets die Modelaster verachtet habe, die den modernen Engländer ebenso gut kleiden wie. das Tätowieren die alten Britannier.

Gestatten Sie einmal solche Prüderie, so müssen Sie die Hälfte des Ariosto streichen; ebenso steht es mit LaFontaine, Shakespeare, Beaumont, Fletcher, Massinger, Ford und sämtlichen Schriftstellern aus Karls des Zweiten Zeit. — —

Ich schreibe unter dem Sirocco der Leidenschaft und bis heute früh um 6 Uhr war ich auf

---

[69] Gegen jede von Murray gewünschte Änderung im ersten Gesang des um jene Zeit begonnenen Don Juan.

dem Karneval, — aber noch einmal: ich protestiere, wie ich das in früheren Briefen getan.

1. Februar.

— — Hätte man mir einreden wollen, das Gedicht habe poetische Fehler, so würde ich mich beruhigt haben; aber nein, im Gegenteil, sie sagen Alle, das Werk sei dichterisch sehr schön, und sprechen mir hinterher von Moral. — Ich behaupte, daß es das moralischste aller Gedichte ist; wenn aber die Leute die Moral darin nicht entdecken können, so ist das ihre Schuld, nicht meine. Auf alle Fälle lassen Sie fünfzig Exemplare drucken zu privatem Gebrauch. Ich werde Ihnen eine Liste der Personen schicken, denen Sie ein Exemplar zustellen können. —

Also Sie und Signor Foscolo[70] und verschiedene Andere wünschen, ich solle ein, wie sie es zu nennen belieben „großes Werk" schreiben, — wahrscheinlich ein großes Epos oder eine ähnliche Pyramide. Ich versuche mich an solchen Dingen lieber nicht. Und dann meinen die guten Leute, das solle „sieben oder acht Jahre dauern". Gott erhalte uns nur drei Monate, — wer wird gleich von Jahren sprechen!

Kann ein Mann übrigens nichts Besseres tun, als ein Jahr wie alle Jahre nur Poesie zu schwätzen, so mag er doch Gelegenheits- und Festdich-

---

[70] Der Verfasser der „Briefe von Jacopo Ortis".

ter werben. „Ein großes Werk!" — ist denn Childe Harold nichts? Sie haben ja genug „göttliche Werke"[71] verlegt, ist denn ein menschliches nicht auch etwas?

Und, lieber Mann, ich hätte die vier Gesänge des Childe Harold bis auf zwanzig ausspinnen können, hatte ich nur Bücher machen wollen. — Nun gut, da Sie nach der Länge rechnen, so sollen sie sehen, wie lang der Don Juan werden wird, denn ich schreibe fünfzig Gesänge davon.[72]

— — Mein bestes Werk will ich übrigens in Italienischer Sprache schreiben und es dauert noch neun Jahre, bis ich vollkommen Herr über die Sprache bin. Und wenn dann noch meine Phantasie und ich existieren, dann will ich mal sehen, was ich wirklich kann. Erst sollen die Leute doch wenigstens zusehen, was denn mein Englisch wert ist, bevor sie mich mit ihrer frechen Herablassung beleidigen.

Ich habe nie geschrieben, um ihnen Vergnügen zu machen. Wenn es ihnen doch Vergnügen gemacht hat, so ist das ihre Sache; ich habe nie ihren Vorurteilen und ihrem Hochmut geschmeichelt. Ebensowenig will ich Bücher für „junge Damen" schreiben, „al dilettar le femmine e la plebe". Ich habe geschrieben aus meinem vollen Herzen heraus, aus Leidenschaft, innerem Triebe

---

[71] Zu Murray's Verlag zählten eine Reihe von Erbauungsschriften.
[72] Leider sind nur sechzehn vollendet worden.

und manchen anderen Gründen, aber nicht um ihrer süßen Stimmen wegen.

Ich weiß ganz genau, was der Beifall des Volkes wert ist, denn wenige Schriftsteller haben dessen mehr als ich genossen. Aber „ich liebe euch nicht und fürchte euch nicht, und wenn ich auch mit euch Handel treibe, so esse ich doch nicht mit euch, ich trinke nicht mit euch, ich bete nicht mit euch!" Man hatte einst aus mir ohne mein Zutun eine Art Volksgötzen gemacht und mich dann ohne Grund, ohne Sinn und Verstand von meinem Piedestal wieder heruntergestoßen. Das Götterbild ist aber beim Falle nicht zerbrochen und jetzt möchten sie mich gern wieder auf meine alte Stelle haben, — aber diesmal will ich nicht.

Byron's erste Begegnung mit Teresa Guiccioli.

Nach den Memoiren der Gräfin Guiccioli aus dem Italienischen.

Die Bekanntschaft von Lord Byron machte ich im April des Jahres 1819. Er wurde mir in Venedig von der Gräfin Benzon: an einem ihrer Gesellschaftsabende vorgestellt. Dieses erste Zusammentreffen, das von so weittragenden Folgen für uns beide wurde, geschah ganz gegen unsern

Willen, wir wollten nur nicht gegen die Wirtin des Hauses unfreundlich sein. Ich war an jenem Abende und zu der so späten Stunde, in der man gewöhnlich in Venedig Gesellschaften besucht, müder als je und ging deshalb nur mit großem Widerstreben und um dem Grafen Guiccioli zu gehorchen, mit ihm in jene Gesellschaft.

Lord Byron, der keine neuen Bekanntschaften mehr machen wollte und, wie er sagte, gänzlich auf alle Leidenschaften verzichtet hatte, weigerte sich anfangs, mir vorgestellt zu werden, und gab der Gräfin Benzoni erst auf langes Bitten nach.

Sein edles, schönes Antlitz, der Ton seiner Stimme, seine Bewegungen, der ganze Zauber, der ihn umgab, — das alles ließ ihn mir so eigenartig, allen Männern, die ich bis dahin gesehen, so überlegen erscheinen, daß ich den lebhaftesten, tiefsten Eindruck davontrug. Seit jenem Abend haben wir uns, solange ich in Venedig blieb, jeden Tag gesehen.

Für die Gräfin Teresa Guiccioli.

An den Po.   Bologna, Mai 1819.

Strom, der du um die alten Mauern rollst
der Stadt, in der jetzt meine Liebe weilt, —
Vielleicht lustwandelt sie an dir entlang
Und denkt an mich, indem sie weiter eilt.

Wärst du, o Strom, mit deinen Wellen all
Ein Spiegel meines Heizens, drin sie liest
Unzählige Gedanken, dir vertraut, —
So wild und stürmisch, wie dein Wasser fließt!

Ein Spiegel meines Herzens? — Töricht Wort! Ist
nicht dein Wasser reißend, dunkel, wild?
Und gleichts nicht dem, was auch mein Herz bewegt,
Daß es von Leidenschaft fast überquillt?

Wohl hat's die Zeit gekühlt, doch nicht für immer,
Du überströmst dein Bett, im Wogendrang
Wallt deine Brust, du mir verwandter Strom,
Dann wieder sinkst du, — wie ich längst schon sank.

Und hinter uns — Vernichtung; doch alsbald
Gewohnheit uns ins alte Gleise warf,
Du eilst in wildem Lauf hinab zum Meer, —
Und ich zu ihr, die ich nicht lieben darf.

Und diese Welle fließt vielleicht zu ihr,
Und ihren Fuß netzt diese selbe Flut,
Ihr Auge schaut auf dich, wenn sie die Luft
Der Abendkühle trinkt, nach Tagesglut.

Sie schaut auf dich, wie ich auf dich geschaut
An sie nur denkend, und seit jener Zeit
Hab nie in deine Fluten ich geblickt
Ohn einen Seufzer, den ich ihr geweiht.

Ihr helles Auge fällt auf dich, mein Strom,
Und trifft die Welle, die hier weiter zieht,
Nie, auch in Träumen nicht, werd ich sie sehn,
Nie auch die Welle, die für ewig flieht.

Nie kehrt die Flut, die meine Tränen trägt, —
Ob sie je wiederkehrt, die ferne weilt?
Wohl wandeln Beide wir am selben Strand, —
Am Stromquell ich, — sie, wo zum Meer er eilt.

Doch nicht die Ferne ist es, die uns trennt,
Und nicht des Stromes Lauf, der Meilen Zahl,
Nur unsres Lebens Lose trennen uns,
Die so geschieden sind wie Berg und Tal.

Der Fremdling liebt ein Weib aus diesem Land,
Jenseits der Berge er geboren ward,
Und doch kocht heiß sein Blut, als hätte nie
Der eis'ge Hauch des Nordens es erstarrt.

Mein Blut ist Feuersglut, sonst hätt' ich nicht
Mein Heimatland verlassen, hätte mich
Trotz Schmerz und Folterqualen, die ich litt,
Nicht fesseln lassen — einzig nur durch Dich!

Umsonst der Kampf, - laß mir den frühen Tod,
Laß mir des kurzen Lebens Lust und Schmerz,
Und werd ich Staub, so kam ich ja vom Staub, —
Und endlich ruht für immer dann mein Herz!

Lord Byron im Exil.

An Murray. Bologna, 7. Juni 1819.

Heute Morgen habe ich mir die berühmten Bilder von Domenechino und Guido angesehen, — beide sind unübertrefflich. Nachher ging ich auf den schönen Kirchhof bei Bologna, außerhalb der Wälle, und fand dort ein wahres Original von einem Custode, der Einen lebhaft an den Totengräber im Hamlet erinnert.

Er hat eine Sammlung von Kapuzinerschädeln, mit dem Namen des Verstorbenen auf der Stirn. Einen davon nahm er herunter und sagte: „Dies war Bruder Desiderio Berro, einer meiner besten Freunde, im Alter von 40 Jahren gestorben. Er war der lustigste und schlauste Kerl, den ich je gesehen. Wohin er ging, folgte ihm die Freude und sein bloßer Anblick genügte, um jede Traurigkeit zu bannen. Er ging so lustig wie ein Tänzer und scherzte und lachte stets, — kurz, es war ein Frate, wie ich noch nie einen gesehen und nie wieder sehen werde." — —

— — Indessen muß ich gestehen, daß mir manche der Grabschriften auf dem Friedhofe in Ferrara besser gefielen, als die kostbarsten Denkmäler aus dem zu Bologna. So sah ich dort z.B. aus einem Grabe die Inschrift:

„Martini Luigi
Implora pace."

„Lucrezia Picini
Implora eterna quite."
Kann es ein erhabneres Pathos geben? Diese wenigen Worte sagen alles, was hier gesagt oder geseufzt werden kann. Der Tote hat genug vom Leben gehabt; alles, was er will, — ist Ruhe und diese erfleht er! „Implora pace" — ist das nicht die ganze Hilflosigkeit, die demütigste Hoffnung und das schönste Totengebet, was aus der Tiefe des Grabes heraufgesandt werden kann?

Ich hoffe, Jeder, der mich überlebt und mich auf dem Fremdenkirchhof am Lido, zwischen der Zitadelle und dem Adriatischen Meer, ruhen sieht, wird über meinem Grabe nur jene beiden Worte finden, nichts weiter. Ich hoffe, Niemand wird daran denken, mich einst nach England hinüber zu schleppen. Ich bin überzeugt, meine Gebeine würden in keinem englischen Grabe Ruhe finden und mein Staub sich nicht mit der Erde jenes Landes mischen. Noch auf meinem Totenbette würde mich der Gedanke zur Verzweiflung bringen, daß irgendeiner meiner Freunde so niedrig an mir handeln könnte, meine Leiche zu euch hinüberzubringen. Nicht einmal euren Würmern möchte ich zur Speise dienen, wenn ich es abwenden kann![73]

Nein, wie Shakespeare von Mowbray, dem verbannten Herzog von Norfolk sagt, der in Ve-

---

[73] Byrons Herz ruht in Griechenland, sein Leib in dem Erbbegräbnis zu Hucknell in England.

nedig starb nach langen Kämpfen gegen
„Die schwarzen Heiden, Türken, Sarazenen,
Vom Kriege müde zog er nach Italien
Und in Venedig gab er seinem Leib
Die letzte Ruhe in dem schönen Lande."[74]
Ich habe nie etwas von Ada gehört, der kleinen
Elektra meines Mycenae. Aber es wird ein Tag
der Vergeltung kommen, wenn ich ihn auch nicht
mehr erleben sollte! Wenigstens habe ich Romilly[75], den einen meiner Mörder, zerschmettert
gesehen. Als dieser Mensch sein Ärgstes tat, um
mein ganzes Familienglück zu vernichten,
Stamm, Zweige und Blüten, — als er Verwüstung auf meinen häuslichen Herd gebracht und
meine Hausgötter zerschlagen, dachte er damals
wohl, daß in weniger als drei Jahren ein Naturereignis — ein trauriges, häusliches Unglück, aber
doch kein ungewöhnliches — seinen Kadaver
aus einen Kreuzweg werfen oder ihn für einen
Verrückten erklären lassen würde?! Kam ihm
auch nur der Gedanke, was meine Gefühle gewesen sein mögen, als ich auf dem Altar seiner
Gesetze Weib und Kind und Schwester, meinen
Namen, meinen Ruhm und mein Vaterland opfern mußte? — und das zu einer Zeit, wo meine

---

[74] Im „Richard II.".
[75] Einer der gegen Lord Byron plädierenden Advokaten in dessen Scheidungsprozeß, der sich wenige Jahre nach dessen Ehescheidung aus Gram über den Tod seiner Frau selbst das Leben nahm.

Gesundheit in Gefahr, meine Vermögenslage die bedrängteste von der Welt und mein Geist von allen möglichen Widerwärtigkeiten und Enttäuschungen bedrückt war! Zu einer Zeit, da ich noch jung war und gut machen konnte, was etwa in meinem Benehmen tadelnswert, in meinen Verhältnissen ungeordnet gewesen!

Aber er ist in seinem Grabe — und die Andern? — Was für einen langen Brief habe ich da wieder zusammengeschrieben!

Worte in ein Buch der Gräfin Guiccioli geschrieben.[76]

Meine teuerste Teresa!

Dies Buch habe ich in Deinem Garten gelesen. Mein Lieb, Du warest nicht hier, sonst hätte ich es nicht lesen können. Es ist eins Deiner Lieblingsbücher und die Verfasserin war meine Freundin. Du wirst diese Englischen Worte nicht verstehen, und andere werden es ebensowenig, — darum habe ich sie nicht Italienisch geschrieben. Du wirst aber die Handschrift dessen erkennen, der Dich leidenschaftlich liebt, und wirst wohl vermuten, daß ich über der Lektüre eines Buches, das Dir gehört, an nichts Anderes als an Liebe denken konnte. Dieses Wort — schön in allen Sprachen, am schönsten aber in Deiner,

---

[76] Das Buch war „Corinna" von der Staël.

amor mio, — umfaßt meine ganze Existenz, heute und immerdar. Ich fühle, daß ich jetzt nur in Dir existiere, und ich fürchte, es wird mir stets so gehen, — zu welchem Ende, das magst Du entscheiden. Mein Schicksal ruht in Deiner Hand, und Du bist ein Weib von 18 Jahren und erst 2 Jahre aus dem Kloster geschieden! Ich wünsche von ganzem Herzen, Du wärest darin geblieben, oder ich hätte Dich wenigstens nie nach Deiner Verheiratung gesehen!

Aber dies Alles ist zu spät. Ich liebe Dich und Du liebst mich, — wenigstens sagst Du es und tust so, als ob es die Wahrheit wäre, — ein großer Trost für alle Fälle. Aber ich habe Dich mehr als lieb und kann nie aufhören, Dich zu lieben.

Denke manchmal an mich, wenn die Alpen und der Ozean uns trennen, — aber das soll nie geschehen, so lange Du es nicht willst!

Bologna, 25. August 1819.

Byron.

Vanitas vanitatum.

An Murray,   Bologna, Ende August 1819.

Ich habe mir meine Tochter[77] von Venedig kommen lassen, reite täglich aus und gehe im Gärten spazieren unter einem purpurnen Balda-

---

[77] Seine natürliche Tochter Allegra.

chin von Weintrauben; dann setze ich mich bei der Fontäne nieder und plaudere mit dem Gärtner über sein Handwerkszeug, auch mit seiner Frau und der Frau seines Sohnes. Darauf besuche ich das Campo Santo und meinen alten Freund den Totengräber, der zwei Töchter hat, eine davon wunderbar schön. Ich amüsiere mich, indem ich ihr unschuldiges fünfzehnjähriges Gesichtchen mit den Schädeln vergleiche, mit denen er seine Zelle behängt hat, und namentlich mit einem Schädel aus dem Jahre 1766, der, wie die Sage geht, einst dem lieblichsten, edelsten und reichsten Mädchen Bologna's angehörte.

Wenn ich diese Schädel betrachte und dann das junge Mädchen, wenn ich bedenke, was jene waren und sie noch werden muß, dann, mein lieber Murray — ich will Sie aber doch nicht damit erschrecken, daß ich Ihnen sage, was ich dann denke. Es ist nichts daran gelegen, was aus uns „Männern mit einem Bart" wird, aber der Gedanke, daß ein schönes Mädchen nicht mal so lange lebt wie ein Baum, empört mich! — —

Lord Byron als Cicisbeo.

An Mr. Hoppner. Ravenna, 31. Januar 1820.

Ich drille mich jetzt so eifrig ich kann, um zu lernen, wie man einen Shawl kunstgerecht zusammenlegt, und ich würde es vorzüglich machen, wenn ich nur nicht immer die falsche Seite nach außen legte. — —

Ravenna ist ein schrecklich moralischer Ort, denn man darf hier keine andere Frau ansehen als höchstens die seines Nächsten, und eine relatione oder eine amicizia scheint regelmäßig von fünf bis zu fünfzehn Jahren zu dauern, und wenn dann der Herr Gemal das Zeitliche segnet, so endet die Geschichte mit einem Sposalizio. — Ein Mann wird hier wirklich ein Stück weiblichen Inventars; die Weiber lassen ihre Serventi erst heiraten, wenn sich für sie selbst eine andere Gelegenheit trifft. — —

Byrons Haß gegen die Unterdrücker Italiens.

An Murray. Ravenna, 16, April 1820.

Verschiedene Gründe bestimmen mich, Sie zu bitten, mir stets schnell zu antworten, denn in Italien gahrt es jetzt, bald wird jede sichere Verbindung aufhören und alle eure englischen Touristen werden mit dem ihnen eigenen Mute bei fremden Unruhen nach allen Richtungen auseinanderstieben.

Die Ereignisse in Spanien und Frankreich haben die Italiener in eine nicht geringe Aufregung versetzt, — kein Wunder, hat man sie doch lange genug mit Füßen getreten. Wenn man mich nicht auch wegjagt, so sehe ich zu, was aus der Sache wird, und beteilige mich auch vielleicht daran. Ich halte es für das interessanteste Schauspiel und den herrlichsten Augenblick, den man sich denken kann, wenn endlich die Italiener die Barbaren aller Nationen in ihre Räuberhöhlen heimsenden. Ich habe lange genug in ihrer Mitte gelebt, um für sie herzlicheres Mitgefühl zu hegen als für irgendwelches Volk der Erde. Ihnen fehlt aber Einigkeit und Überzeugungstreue und darum zweifle ich an ihrem Erfolge. Aber versuchen werden sie es, und wenn sie es tun, geschieht s für eine gute Sache. Kein Italiener kann einen Österreicher mehr hassen als ich; nach den Engländern scheinen mir die Österreicher die elendeste Rasse unter Gottes Himmel. Wenn es aber hier losgeht, so geschieht das nicht so ruhig wie in Spanien. Nun freilich, Revolutionen macht man nicht mit Rosenwasser, besonders hier, wo Fremde die Herren sind. — —

Deutsche Zeitungen über Lord Byron.

An Mr. Hoppner.　　　　　　Ravenna, 25. Mai 1820.

Ein Deutscher namens Rupprecht hat mir, der Himmel weiß warum, verschiedene Deutsche Zeitungen geschickt, von denen ich nicht ein

Wort, kaum einen Buchstaben verstehe. Ich lege Ihnen eine der Zeitungen bei mit der Bitte, mir daraus die Stellen zu übersetzen, die Goethe's Bemerkungen über „Manfred" zu enthalten scheinen. Wenn ich nach den zwei darin vorkommenden Aufrufungszeichen (die bei uns zu Lande gewöhnlich nach etwas Lächerlichem gesetzt werden) und nach dem Worte „hypochondrisch" urteile, so sind die Bemerkungen keineswegs günstig für mich. Das sollte mir leid tun, denn ein freundliches Wort von Goethe würde mich stolz machen. Sollte er sich aber auch noch so rücksichtslos über mich ausgesprochen haben, meine Meinung über ihn werde ich darum doch nicht ändern.

Seien Sie aber ganz aufrichtig bei der Übersetzung, mildern Sie nichts darin, ich bin literarisch hieb- und stichfest, man hat in den meisten neueren Sprachen des Guten und Bösen mehr als genug über mich gesagt.

Graf und Gräfin Guiccioli.

An Thomas Moore.　　　　　　Ravenna, 1. Juni 1820.

Die Scheidungsklage nimmt ihren Fortgang und die ganze Gesellschaft hier spielt eine Rolle dabei, inklusive Pfaffen und Kardinale. Die öffentliche Meinung ist gegen den Grafen aufgebracht, man sagt, er hätte gleich im Anfang kurzen Prozeß machen müssen, aber nicht erst jetzt nach zwölf Monaten. Er sucht nach Beweisen, kann aber keine Überzeugungskräftigen finden, denn das, was in England fünfzig Scheidungen zu Wege bringen würde, reicht hier nicht aus, — hier verlangt man die allerentscheidendsten Gründe.

Alle ihre Verwandten sind wütend auf ihn. Der Vater[78] hat ihn gefordert, — ein überflüssiger Mut, da der Andere sich nicht schlägt, obwohl man sich zwei Morde von ihm erzählt. Mich warnte man, ich solle nicht so lange Spazierritte im Pinienwalde machen, ohne auf meiner Hut zu sein; ich nehme also bei meinen täglichen Ausflügen mein Stiletto und ein Paar Pistolen mit.

Ich darf natürlich nicht eher von hier weg, als bis die Sache in einer oder der andern Weise erledigt ist. Sie ist so standhaft, wie ein Weib nur sein kann, und die Stimmung richtet sich allgemein so sehr gegen ihn, daß die Advokaten ihm den Prozeß nicht führen wollen, sondern sagen, er sei entweder ein Narr oder ein Schurke,— ein Narr, wenn er mein Verhältnis zu der Gräfin erst jetzt entdeckte, und ein Schurke, wenn er Alles wußte und mit dem Prozeß in böser Absicht so lange gewartet hat.

---

[78] Der Graf Gamba.

Sollte der Kerl mich umbringen wie einen Polonius, so können Sie sagen, er hat mir ein schönes, melodramatisches Ende bereitet. Meine Sicherheit beruht wesentlich darauf, daß er nicht den Mut hat, zwanzig Scudi für einen zuverlässigen Bravo auszugeben. Es fehlt ihm übrigens auch sonst nicht an Gelegenheit, denn ich reite jeden Abend im Walde herum mit nur einem Diener und hin und wieder mit einem Bekannten, der in der letzten Zeit immer etwas ängstlich nach jedem einsam dastehenden Busch blickt. — —

Faust und Manfred.

An Murray. Ravenna, 7. Juni 1820.

Einliegend sende ich Ihnen etwas sehr Interessantes, nämlich die Meinung des größten Mannes Deutschlands — vielleicht Europa's — über einen der größten Männer Ihrer Verlagsanzeigen, — — kurz eine Kritik Goethe's über Manfred. Ich schicke Ihnen das Original, eine Englische und eine Italienische Übersetzung. Verwahren Sie das hübsch in Ihrem Archiv, denn die Meinungen eines Mannes wie Goethe, ob günstig oder nicht, sind stets interessant — und im vorliegenden Falle um so mehr, da diese Kritik eine lobende ist.

Seinen Faust habe ich nie gelesen, denn ich

verstehe kein Deutsch, aber Lewis hat mir in Coligny im Jahre 1816 einen großen Teil davon viva voce vorübersetzt und ich empfing natürlich einen tiefen Eindruck davon.

Nein, vielmehr der Steinbach und die Jungfrau und noch etwas Anderes, etwas mehr als Faustus, ließen mich meinen Manfred schreiben. Die erste Szene des Manfred und des Faust sind allerdings sehr ähnlich.

Lord Byron und seine Tochter Ada.

An Murray, Ravenna, 8, Oktober 1820.

Vergessen Sie nur eins nicht: wenn Sie in diesen heuchlerischen Zeiten den Don Juan mit meinem Namen erscheinen lassen,[79] so könnte ein schlauer Advokat auf die Idee kommen, mir das Recht auf meine Tochter streitig zu machen, — da haben Sie die Gefahren eines harmlosen Scherzes.[80] Ich habe seiner Zeit daran nicht gedacht, aber ich hoffe, Sie werden mir hierin Recht geben. Die Noëls[81] würden sich eine solche Gelegenheit

---

[79] Die ersten Gesänge des Don Juan waren anonym erschienen und hatten die ganze scheinheilige Entrüstung Englands erregt.

[80] Aberkennung der väterlichen Rechte wegen „Gottlosigkeit" war damals in England nichts Seltenes, — Byrons Freund Shelley hatte das schmerzlich empfinden müssen.

[81] Lord Byrons Schwiegereltern.

sicher nicht entgehen lassen. Ich ziehe nun aber mein Kind jederzeit einem Gedicht vor, und da Sie der Kinder sechs haben, so werden Sie's wohl ebenso machen.

Ada war zu den Zeiten der ersten Plantagenets ein sehr häufiger Name. Ich fand ihn in meinem eigenen Stammbaum unter der Regierung der Könige Johann und Heinrich und gab ihn so meiner Tochter. Karls des Großen Schwester hat auch so geheißen. In einem der ersten Kapitel der Genesis ist es der Name von Lamechs Weib, und ich halte Ada für das Femininum von Adam... Der Name ist kurz, alt, vokalreich und in meiner Familie gebräuchlich, — aus allen diesen Gründen habe ich ihn meiner Tochter gegeben.

Don Juan und Childe Harold.

An Murray.   Ravenna, 12. Oktober 1820.

Ich habe keine große Lust, den Don Juan fortzusetzen. Wollen Sie hören, was eine sehr schöne Italienerin mir neulich darüber sagte, — sie hatte ihn in der französischen Übersetzung gelesen und machte mir ein paar Komplimente mit den gewöhnlichen Wenn und Aber. Ich sagte ihr, das wäre alles recht schön und wahr, aber ich sei überzeugt, der Don Juan werde länger leben als Childe Harold. „Ja," sagte sie, „aber ich möchte lieber den Ruhm des Childe Harold drei Jahre lang haben, als die ganze Unsterblichkeit des Don Juan."

Die Wahrheit an der Sache ist die, daß der Don Juan nur zu wahr ist, und die Weiber hassen Alles, was das zarte Gebäude der Sentimentalität über den Haufen werfen könnte. Und sie haben Recht, denn in der Sentimentalität haben sie ihre einzigen Waffen. Ich habe noch keine Frau gekannt, die nicht aus demselben Grunde auch die „Memoiren des Duc de Grammont" verabscheut hätte, — selbst Lady Byron tadelte das Buch. —

Widmung des „Marino Faliero" an Goethe.[82]

Sir!

In dem Appendix eines jüngst ins Deutsche übersetzten und in Leipzig erschienenen Englischen Werkes wird ein Urteil von Ihnen über die Englische Poesie etwa mit folgenden Worten zitiert: „In der Englischen Poesie findet sich viel Talent, universelle Kraft, ein tiefes Gefühl, genügende Zartheit und auch Stärke des Ausdrucks, aber das Alles zusammen mache noch keinen Dichter" u.s.w.

---

[82] Der Dichter hat diese Widmung auf Freundesrat niemals abgeschickt und Goethe hat sie erst nach Byrons Tod im Jahre 1831 zu Gesicht bekommen.

Ich bedaure, einen so großen Mann in so großem Irrtum befangen zu sehen. Jene Ihre Ansicht beweist nur, daß das „Verzeichnis zehntausend lebender Englischer Schriftsteller" noch nicht ins Deutsche übersetzt ist. Sie haben wohl in Ihres Freundes Schlegel Übersetzung[83] die Stelle im Macbeth gelesen:
Bote: „Da sind zehntausend, Herr."
Macbeth: „Gänse. Schurke?"
Bote: „Autoren, Herr."
Nun, von diesen zehntausend Autoren sind zur Stunde genau neunzehnhundert und siebenundachtzig, die noch alle leben, — wie es mit deren Werken steht, wissen die Verleger am Besten. Unter ihnen sind aber einige, die eines bedeutend größeren Ruhmes sich erfreuen als ich, wenn auch keines so großen wie Sie. — —

— — Ferner meinen Sie, „der vorherrschende Charakter der ganzen heutigen Englischen Dichtung sei Ekel und Abneigung gegen das Leben." Und doch fürchte ich, Sie selbst haben durch ein einziges Ihrer Prosawerke eine größere Verachtung des Lebens erzeugt als alle Englische Poesie, die je das Licht der Welt erblickte. Madame de Staël sagt, daß Ihr Werther mehr Selbstmorde veranlaßt habe, als das schönste Weib.

Vielleicht, hochgeehrter Herr, hat das gallige

---

[83] Byron hielt also Goethe für so unwissend im Englischen, wie er selbst im Deutschen war.

Urteil eines unserer nordischen Journale[84]) über Sie speziell und über die Deutschen im Allgemeinen Sie etwas gegen Englische Poesie und Englische Kritik übelgelaunt gemacht. Aber Sie dürfen sich an unsern Kritikern nicht stoßen, die im Grunde ganz gutmütige Kerle sind. — Niemand aber kann das rasche und ungerechte Urteil unserer Kritik besonders über Sie mehr bedauern als ich und das habe ich im Jahre 1816 auch Ihrem Freunde Schlegel in Coppet gesagt.

— — Der Hauptgrund dieser meiner Widmung ist, Ihnen meine aufrichtige Hochachtung und Bewunderung auszudrücken, einem Manne, der seit einem halben Jahrhundert an der Spitze des literarischen Lebens eines großen Volkes steht und den die Nachwelt stets für den ersten literarischen Charakter seines Zeitalters ansehen wird.

Sir, Sie sind glücklich nicht nur in dm Werken, die Ihren Namen unsterblich machen, sondern auch in Ihrem Namen selbst, der wenigstens musikalisch genug für die Nachwelt klingt. Hierin haben Sie es besser als einige Ihrer Landsleute, deren Namen vielleicht auch unsterblich sein würden, wenn man sie nur aussprechen könnte.[85]

---

[84] Die Edinburgh Review.
[85] Byron war ein großer Bewunderer Grillparzers, namentlich hatte ihn dessen Sappho begeistert, — aber der Name machte ihm komische Schwierigkeiten bei der Aussprache.

Sie könnten möglicherweise aus der anscheinenden Nonchalance meines Tones schließen, es fehle mir an der schuldigen Ehrerbietung vor Ihnen, — das wäre aber ein Irrtum, — in der Prosa lasse ich mich nur immer so ein wenig gehen. Ich sehe in Ihnen aufrichtig und herzlich, in Übereinstimmung mit ihrer eigenen Nation und dem Urteile der meisten anderen, den ersten literarischen Charakter, der in Europa seit dem Tode Voltaire's aufgetreten ist, und das hat mich wünschen lassen, Ihnen das beifolgende Werk zu widmen, nicht in seiner Eigenschaft als Tragödie, als Dichtung, — — sondern als ein Zeichen der Achtung und Bewunderung, die ein Fremder gegenüber dem Manne fühlt, den ganz Deutschland mit dem Namen „der große Goethe" geehrt hat.

Ich habe die Ehre, zu sein mit
   dem aufrichtigsten Respekt
      Ihr gehorsamster und ergebenster Diener

Ravenna, 14. Oktober 1820.

                                  Byron.

Antwort auf die Angriffe der englischen Presse gegen seine ehelichen Verhältnisse.

Mein gelehrter Bruder in Apoll meint, „ich könne mich auf keine Weise wegen meines Betragens in jener Angelegenheit rechtfertigen." Ich muß ihm hierin beistimmen, denn Niemand kann sich rechtfertigen, ehe er weiß, wessen man ihn anklagt, und ich bin, das weiß Gott, nie im Stande gewesen, irgend eine bestimmte Anschuldigung in greifbarer Form zu Gesicht zu bekommen, man müßte denn die Albernheiten des Stadtgeschwätzes oder das mysteriöse Stillschweigen der Advokaten meiner Gattin für eine solche Anschuldigung halten. — —

Bin ich nicht durch ein Scherbengericht aus meinem Vaterlande verbannt worden, — nur daß die Scherben, die mich proskribierten, anonym waren? Weiß etwa der Herr Kritiker nicht, wie damals die Stimmung und das Benehmen des Publikums gegen mich gewesen? Wenn er es nicht weiß, so weiß ich es doch, und das Publikum wird das Alles früher vergessen haben, als ich.

Der Mann, der durch Parteiverhältnisse gezwungen sein Land verlassen muß, hat den Trost, sich für einen Märtyrer zu halten; wer wegen Schulden flieht, kann hoffen, die Zeit und weise Sparsamkeit werden seine Verhältnisse bessern;

wer durch das Gesetz zur Verbannung verurteilt wird, kennt das Ende derselben oder träumt von Abkürzung der Frist, oder er kann sich auch trösten mit der Ungerechtigkeit des Gesetzes oder dessen spezieller Auslegung gegen ihn: — wer aber durch die öffentliche Meinung ins Exil getrieben wird, ohne politische oder pekuniäre Verwicklungen, schuldig oder unschuldig, muß alle Bitterkeit des Exils kosten, ohne Hoffnung, ohne Stolz, ohne Tröstung.

Dies war mein Fall. Worauf das Publikum seine Meinung gründete, weiß ich nicht, aber sie war allgemein und entschieden gegen mich gerichtet. Von mir und meiner Familie wußte man wenig, höchstens daß ich sogenannte poetische Werke geschrieben halte, von Adel war, mich verheiratet hatte, Vater geworden und mit meiner Frau und deren Verwandten mich in Streit befand. Warum? — das wußte Keiner, da die einzigen Personen, die Ursache zur Klage haben konnten, nichts von ihren Beschuldigungen verlauten ließen.

Die vornehme Welt war in Parteien geteilt, meine Partei blieb aber in der Minorität. Die „Verständigen" waren wie immer auf der stärkeren Seite, und das war die — meiner Frau, was ja nicht mehr als recht und höflich war.

Die Presse nahm spöttelnd lebhaften Anteil an der Sache und die Erbitterung des Augenblicks wurde so groß, daß das unglückselige Erscheinen einiger Verse, die eher schmeichelhaft als sonst etwas für die Dame waren, mir künstlich auch als Verbrechen und hämische Arglist ausgelegt wurde.[86]

Das öffentliche Geschwätz beschuldigte mich der abscheulichsten Sünden; selbst mein Name wurde befleckt, der seit den Tagen, wo meine Vorfahren Wilhelm dem Normannen zum Siege verhalfen, stets ein edler und ritterlicher gewesen. Ich fühlte, wenn das, was man flüsterte und munkelte, wahr sei, so sei ich für England unmöglich; wenn erlogen, so sei England für mich unmöglich.

Ich ging, — aber das war noch nicht genug. Auch in fremden Ländern, in der Schweiz, am Fuße der Alpen und an den blauen Tiefen der Bergseen erreichte mich die Verfolgung und traf mich derselbe Haß. Ich ging über die Alpen, aber das half mir nichts; so ging ich denn noch ein Stückchen weiter und gleich dem Hirsch, der aufgeschreckt zum Wasser flieht, nahm ich meine Zuflucht zu den Wellen der Adria.

---

[86] Das berühmte Abschiedslied an Lady Byron „Fare thee well" wurde dem Dichter, incredibile dictu, als Beleidigung gegen seine Frau gedeutet. — Thomas Moore, der das Orginalmanuskript gesehen, erzählt, daß überall Spuren von darauf gefallenen Tränen zu sehen, waren.

Byrons Haß gegen die Österreicher.

An Murray. Ravenna, 23. November 1820.

Über den Zustand der Dinge hier in Italien zu sprechen ist schwer und unklug, da „die Hunnen" alle Briefe öffnen. Ich möchte nur wissen, ob sie sie nachher auch lesen können. Sollte dem so sein, so mögen sie hier lesen, in meiner leserlichsten Handschrift, daß ich sie für verwünschte Schurken halte und ihren Kaiser für einen Narren, und sie selbst für noch größere Narren, als er einer ist. — So, das mögen sie Alles hübsch nach Wien berichten, ich kümmere mich nicht so viel darum!

Sie haben die Päpstliche Polizei an sich gerissen und begehen die größten Schändlichkeiten; aber sie werden schon eines Tages dafür büßen. Es mag noch geraume Zeit dauern, denn diese unglückseligen Italiener haben keinen festen Zusammenhang, aber ich denke, die Vorsehung selbst wird endlich des Dinges überdrüssig werden!

Fragment einer Novelle.

Lord Byrons Parodie seiner eigenen Ehe.

Wenige Stunden später waren wir wieder gute Freunde und nach einigen Tagen reiste sie mit meinem Sohne nach Arragonien, um ihre Eltern dort zu besuchen. Ich begleitete sie nicht unmittelbar, da ich kurz zuvor in Arragonien gewesen war, sondern versprach nur, mit ihr in wenigen Wochen auf dem Maurischen Schlosse ihrer Eltern zusammenzutreffen.

Von der Reise aus schrieb mir Donna Josefa einen sehr zärtlichen Brief, in dem sie mich über ihre und meines Sohnes Gesundheit beruhigte. Nach ihrer Ankunft in dem Schlosse empfing ich einen zweiten, noch zärtlicheren Brief, der mich mit den süßesten, fast lächerlichen Worten bestürmte, auf der Stelle zu kommen.

Eben war ich im Begriffe, mich auf den Weg zu machen und Sevilla zu verlassen, da bekam ich einen dritten Brief, und zwar von ihrem Vater Don José de Cardozo, der mich aufs höflichste aufforderte, meine Ehe aufzulösen. Ich antwortete mit derselben Höflichkeit, daß ich gar nicht daran dachte. Ein vierter Brief, diesmal von Donna Josefa, — in welchem sie mir kund und zu wissen tat, daß der Brief ihres Vaters auf ihren ausdrücklichen Wunsch geschrieben sei.

Mit umgehender Post fragte ich sie nach Gründen, — sie antwortete mir per express, daß Gründe mit dieser Sache gar nichts zu tun hätten, also brauchte sie mir auch keine zu sagen, — nur wäre sie ein beleidigtes, ausgezeichnetes Weib.

Ich fragte sodann, warum sie mir die beiden früheren zärtlichen Briefe geschrieben und mich gebeten hätte, nach Arragonien zu kommen. Sie antwortete, sie habe das getan, weil sie mich für verrückt halte; ich solle aber nur ruhig zu Don José de Cardozo kommen, dort würde ich die zärtlichste aller Frauen und — eine Zwangsjacke finden. Auf solche Liebenswürdigkeit hatte ich weiter nichts zu erwidern, nur wiederholte ich meine Bitte um Aufklärung. Ich bekam die Antwort, daß man die nur der heiligen Inquisition geben werde. Mittlerweile war unser häuslicher Zwist der Gegenstand des öffentlichen Gesprächs geworden; und die Welt, die ja stets gerecht entscheidet, nicht nur in Arragonien, sondern auch in Andalusien, entschied, daß ich nicht allein zu tadeln sei, — nein, daß Niemand so sehr zu tadeln sei wie meine Wenigkeit. Ich hätte sicher alle unmöglichen und möglichen Verbrechen begangen und kaum etwas Geringeres als ein Auto-da-fé stände mir bevor.

Aber daß nur Keiner sage, daß ich von meinen Freunden im Unglück verlassen ward — nein, gerade das Gegenteil trat ein. Meine Freunde bestürmten mich mit ihrer Mißbilligung oder ihrem Rat, sie trösteten mich, indem sie mich tadelten, und sagten Alles, was über einen solchen Fall gesagt war oder werden konnte und sollte. Sie schüttelten die Köpfe, ermahnten mich, beklagten mich mit Tränen in den Augen, und — gingen Mittag essen.[87]

---

[87] Dies einzige novellistische Werk Byrons in Prosa ist uns leider durch eine falsche Delikatesse Moore's nur in

Die Stellung der Frauen.

Tagebuch. 6. Januar 1821.

Ich dachte über die Stellung der Frauen bei den alten Griechen nach, die mir sehr zweckmäßig vorkommt. Ihre heutige Stellung, ein Überrest der Barbarei des Rittertums und des Feudalismus, ist künstlich und unnatürlich.[88] Sie sollten sich um das Haus bekümmern, gut genährt und gut gekleidet sein, aber sich nicht in Gesellschaften mischen. Auch gut religiös erzogen müßten sie werden, aber nichts Poetisches oder Politisches lesen, nichts als Bücher über Gottesfurcht und Kochkunst. Auch Musik, Zeichnen, Tanzen, — hin und wieder etwas Garten- und Feldarbeit!

Ich habe die Frauen in Epirus die Landstraßen ausbessern sehen und zwar mit vielem Geschick. Warum auch nicht, ebenso gut wie mähen oder melken? —

Marino Faliero.

Tagebuch. 12. Januar 1821.

Murray schreibt mir, man wolle meine Tragödie

---

einem kleinen Bruchstück erhalten. Die darin geschilderten Vorgänge entsprechen bis in die Einzelheiten genau der ehelichen Katastrophe des Dichters.

[88] Genau so urteilte Schopenhauer.

"Marino Faliero" aufführen. Schöne Narren das, als ob das Stück nicht ein reines Buchdrama wäre.

Ich habe gegen diese Frechheit protestiert, die sich die Theaterbesitzer, wie es scheint, gegen jeden Autor und im Widerspruch mit seinem ausdrücklichen Willen herausnehmen, und ich hoffe, sie werden sich an mir nicht vergreifen. Auch hoffe ich noch, sie werden selbst zu der Einsicht kommen, daß es sich gar nicht für die Bühne eignet. Es ist zu regelmäßig — nur 24 Stunden umfaßt das ganze Stück, seltener Szenenwechsel, nichts Melodramatisches, nichts Überraschendes, keine Falltüren und Versenkungen darin, — und vor Allem keine Liebe, dies große Ingredienz des modernen Theaters.

Über Deutschland und deutsche Literatur.

Tagebuch. 12. Januar 1821. Mitternacht.[89]

Ich las Guido Sorelli's italienische Übersetzung Grillparzers, — ein verteufelter Name freilich für die Unsterblichkeit, aber unsere Nachkommen müssen ihn aussprechen lernen.

Abgesehen von den Mängeln einer jeden Übersetzung und vor allem einer Italienischen,

---

[89] Lord Byron ging selten vor 2 Uhr Nachts zu Bett.

ist die Tragödie „Sappho" herrlich, erhaben. Das kann Niemand leugnen. Der Mann hat mit diesem Stück einen großen Wurf getan. Wer ist er? Ich kenne ihn nicht, aber die Nachwelt wird ihn kennen, — es ist ein ausgezeichneter Kopf.

Ich muß allerdings vorausschicken, daß ich nichts von Adolf Müllner (dem Verfasser der „Schuld") gelesen habe und nicht so viel von Goethes, Schillers und Wielands Werken, wie ich sollte und wünschte. Ich kenne sie nur durch das Medium der Englischen, Französischen oder Italienischen Übersetzungen.

Von der Sprache selbst weiß ich absolut nichts, ausgenommen ein paar Flüche, die ich von Postillonen und Offizieren bei Zänkereien gehört habe. Ich kann, wenn ich will, schrecklich auf Deutsch fluchen: „Sakrament", „Verfluchter", „Hundsfott" u.s.w.; aber von den weniger energischen Wörtern ihrer Sprache weiß ich sehr wenig.

Ich mag übrigens ihre Frauen gern (wie ich mich denn auch einmal sterblich in ein Deutsches Mädchen, Constanze, verliebt habe). Ebenso hat mir Alles gefallen, was ich von ihren Schriftstellern aus Übersetzungen kennen gelernt habe, dazu die Gegend und die Bevölkerung am Rhein! — Nur die Österreicher verabscheue ich, hasse ich und — ich kann meinem Hasse gegen sie gar keine Worte leihen und es sollte mir leid tun, wenn ich jemals durch Taten demselben

Ausdruck gäbe, denn ich verabscheue jede Grausamkeit noch mehr, als ich selbst die Österreicher hasse, — nur plötzlich gereizt, kann ich heftig werden, aber nie aus eigenem Antrieb.

Grillparzer ist groß, antik, — nicht ganz so einfach wie die Alten, aber doch sehr einfach für einen Neueren, ab und zu ein bischen zu Frauvon Staëlisch; aber Alles in Allem ein großer und tüchtiger Dichter.

13. Januar 1821.

Skizzierte den Gang und die Personen einer neuen Tragödie, „Sardanapalus", über die ich schon seit einiger Zeit nachgedacht habe. Die Namen entlehnte ich aus Diodorus Siculus (die Geschichte von Sardanapal selbst kenne ich, ohne sie vergessen zu haben, seit meinem zwölften Jahre); las dann eine Stelle im 9. Bande von Mitford's „Griechenland", worin er gewissermaßen den Namen jenes letzten Assyrers verteidigt.

Speiste Mittag, las die Zeitungen, — die „Mächte" wollen mit den Völkern Krieg führen. Nur immer zu, am Ende werden sie doch den Kürzeren ziehen. Die Zeit der Könige neigt sich schnell ihrem Ende zu. Blut wird fließen wie Wasser und Tränen werden fallen wie Nebel, aber am letzten Ende werden die Völker Sieger bleiben. Ich werde nicht leben, um es zu sehen, aber ich sehe es voraus.

Ich brachte Teresa die italienische Übersetzung von Grillparzers „Sappho", die sie zu lesen mir versprach. Sie stritt mit mir, weil ich behauptete, daß Liebe nicht das erhabenste Thema für die wahre Tragödie sei. Da sie mir mit ihrer Muttersprache und der angebornen weiblichen Beredsamkeit überlegen war, so widerlegte sie bald meine wenigen Gründe. Ich glaube, sie hat Recht. Ich muß in meinen Sardanapalus etwas mehr Liebe hinein bringen, als ich ursprünglich beabsichtigte.[90]

Ruhm bei den Antipoden.

Tagebuch. 15. Januar 1821.

Eben habe ich an ein recht komisches Begegnis gedacht. Im Jahre 1814 fuhren Moore (der Dichter, par excellence, er verdient den Namen) und ich in demselben Wagen, um mit dem Grafen Grey, dem Matador der kleinen Whigpartei, zu Mittag zu essen. Murray, der Großmütige, hatte mir just zuvor eine Zeitung aus Java geschickt, ich wußte nicht, warum oder wozu. Unterwegs nahm ich sie aus Neugierde aus der Tasche und fand darin einen literarischen Streit über das größere dichterische Verdienst Moore's oder

---

[90] Wie mächtig der Einfluß der Gräfin Guiccioli um die Zeit auf ihn war, zeigt die herrliche Gestalt der Ionierin Myrrha im Sardanapal, seiner besten Tragödie.

meiner Wenigkeit. Ich denke, wenn ich dagewesen wäre, hätte ich ihnen die Mühe sparen können, sich über uns zu streiten. Aber das nenne ich einmal mit 26 Jahren berühmt sein! Alexander hatte in demselben Alter zwar Indien erobert, aber ich bezweifle, ob man seine Eroberungen mit denen des Indischen Bacchus derweilen auf Java verglich.

Es war schon Ruhmes genug, mit Moore überhaupt zusammen genannt zu werden, — und das komischste Zusammentreffen, daß wir Beide gerade friedlich zusammen speisten, während die Gelehrten jenseits des Äquators sich unsretwegen zankten. — —

Geburtstagsbetrachtungen.

Tagebuch. 21. Januar 1821. Nachts.

Mittag gegessen, Besuche gemacht, nach Hause gekommen, gelesen. Eine Anekdote in Grimms Korrespondenz[91] fiel mir auf: „Régnard und die meisten komischen Dichter waren mißmutige und melancholische Menschen, dagegen, Voltaire, der sehr heiteren Temperaments ist, hat nur

---

[91] F. M. Grimm, ein französirter Deutscher (auch bekannt aus Rousseaus „Confessions") schrieb: „Correspondance littéraire" — zuerst veröffentlicht im Jahre 1812.

Tragödien geschrieben und die Komödie ist das einzige Genre, in dem er nichts geleistet hat. Das kommt daher, daß der, welcher die Leute lachen macht, und der Lacher selbst nicht ein und dieselbe Person sind."

In diesem Augenblick fühle ich mich genau so schwarzgallig wie der beste komische Dichter unter ihnen, ja selbst wie Régnard, der nach Molière die besten Komödien geschrieben, die überhaupt in einer Sprache existieren, und der sich selbst das Leben genommen. Ich kann auch nicht die schon geplante Tragödie „Sardanapalus" fortsetzen, die ich seit einigen Tagen unterbrochen habe,

Morgen ist mein Geburtstag, nämlich bald, um 12 Uhr Mitternacht; also in 12 Minuten habe ich 33 Jahre hinter mir!!! — und ich gehe schlafen, mein Herz schwer von dem Gedanken, daß ich so lange gelebt — und wozu gelebt?! — —

— — Es ist jetzt drei Minuten nach 12 Uhr und ich bin nun 33 Jahre alt!

„Eheu, fugaces, Posthume, Posthume,
Labuntur anni; —" ich bereue sie aber nicht so sehr um deswegen, was ich getan habe, als was ich hätte tun können.

Lord Byrons Grabschrift auf sein 33. Lebensjahr.

1821.

„Hier liegt
begraben
in der Ewigkeit der Vergangenheit,
von wannen keine Auferstehung für die Zeit ist,
wenn sie auch für den Staub sein mag, —

das 33. Jahr

eines schlecht angewendeten Lebens;
nach einer schleichenden Krankheit mehrerer
Monate
sank es in einen Todesschlaf und starb so

am 22. Januar 1821, A.D.

Der untröstliche Nachfolger beweint den Verlust,
der ihm selbst das Leben schenkte."

Leben und Tod.

Tagebuch. 25. Januar 1821.

Ein Tag ist wieder dahin von meinem Tagebuch — und von meinem Leben. „Was aber das Bessere sei, das Leben oder der Tod, wissen nur die Götter" — wie Sokrates zu seinen Richtern sagte, als sein Schicksal fast besiegelt war.

Zweitausend Jahre nach diesem Geständnis

der Unwissenheit von Seiten des Weisesten haben uns über diesen wichtigen Punkt noch nicht mehr Licht verschafft. Nach dem christlichen Dogma von der Vergeltung kann Niemand wissen, ob er der Seligkeit gewiß ist, selbst der Gerechteste nicht; ein kleines Schwanken im Glauben wirft ihn auf den Rücken wie einen Schlittschuhläufer, mitten in seinem behaglichen Laufe nach dem Paradies.

Nein, mag auch der Glaube noch so sicher in seinen Wirkungen sein, — die Hoffnung des Individuums auf Glück, die Furcht vor Leiden ist darum nicht größer oder kleiner als zur Zeit, da Jupiter die Welt regierte.

Man hat gemeint, die Unsterblichkeit der Seele wäre „un grand Peut-être"[92], aber das Vielleicht ist doch sehr groß. Und trotzdem klammert sich Jeder daran, — der stupideste, albernste und erbärmlichste menschliche Zweifüßler ist überzeugt, er werde unsterblich sein.

Menschenliebe.

Tagebuch. 26. Januar 1821.

Schöner Tag heute, — ein paar langgeschwänzte Wolken deuten auf Witterungswechsel, aber im

---

[92] Rabelais sagte auf seinem Totenbette: „Je m'en vais chercher un grand Peut-être".

Ganzen ist der Himmel klar.

Ausgeritten, — Pistolen abgefeuert, Glück im Schießen gehabt. Auf dem Heimwege einen alten Mann getroffen, — Almofen — mir für einen Schilling Gotteslohn erkauft. Wenn man den wirklich erkaufen könnte, so kann ich sagen, ich habe meinen Mitmenschen in diesem Leben mehr gegeben als ich jetzt besitze, — manchmal einem Laster zu Liebe, aber doch öfter und in der Hauptsache aus Tugend. Ich habe nie in meinem Leben einer Maitresse so viel gegeben wie eitlem armen Mann, der sich in Noch befand.

Aber das tut nichts: die Schurken, die mich mein ganzes Leben hindurch verfolgt haben (mit Hilfe meiner Schwiegermutter, die alle ihre Anstrengungen reich belohnt hat), werden triumphiren und Gerechtigkeit wird man an mir erst üben, wann die Hand, die diese Worte schreibt, so kalt sein wird wie die Herzen, die mich im Leben verwundet haben!

Auf dem Wege nach Hause, bei der Brücke unweit der Mühle, traf ich eine alte Frau. Ich fragte sie nach ihrem Alter, sie sagte: „Tre croci". Ich fragte meinen Diener, — obschon ich selbst ziemlich firm im Italienischen bin — was das bedeute, drei Kreuze. Er sagte, das bedeute neunzig Jahre und fünf dazu. Ich wiederholte die Frage dreimal, ein Mißverständnis war nicht möglich.

Fünfundneunzig Jahre! — und sie war noch

ziemlich rüstig, hörte meine Frage, denn sie beantwortete sie, sah mich, denn sie näherte sich mir, und schien durchaus nicht sehr hinfällig, wenngleich das Alter sichtlich nicht spurlos an ihr vorübergegangen war.

Ich sagte ihr, sie solle morgen zu mir kommen, ich möchte ihre Verhältnisse näher kennen lernen. Ich liebe solche Phänome. Wenn sie wirklich fünfundneunzig Jahre alt ist, so muß sie sich noch des Kardinals Alberoni erinnern, der hier päpstlicher Legat war. —

— O wenn Italien sich befreien könnte, was wäre zu teuer für die Erfüllung eines solchen Wunsches? für diese Antwort auf das Seufzen ganzer Menschengeschlechter?

Wir wollen hoffen! hat man doch schon seit tausend Jahren gehofft, — ein bloßer Wechsel des Zufalls kann den Wunsch erfüllen, — es ist wie beim Würfelspiel.

Hätten die Neapolitaner nur einen einzigen Masaniello in ihren Reihen, so würden sie wohl die blutigen Henker mit Krone und Schwert davonjagen. Holland hat unter schlimmeren Verhältnissen die Spanier unter ihrem Philipp geschlagen, — Amerika die Engländer, — Griechenland den König Xerxes, und Frankreich war solange Sieger in Europa, bis es selbst sich einem Tyrannen ergab.

Südamerika hat seine alten Raubgeier aus ihren Nestern gestoßen, — wenn also diese Menschen hier nur fest in sich selbst sind, so möchte ich sehen, welche äußere Gewalt es mit ihnen aufnähme!

Pläne zu Tragödien.

Tagebuch. 28. Januar 1821.

Biefe aus Venedig. Es scheint, diese österreichischen Schurken haben mir drei oder vier Pfund Englisches Schießpulver aufgehalten. Die Hunde! — ich hoffe, ich werde ihnen das Pulver einst mit einer Kugel lohnen! — Bis zur Dämmerung ausgeritten.

Dachte über vier Gegenstände für Tragödien nach (wenn Zeit und Umstände mir die Ausführung gestatten), nämlich Sardanapalus (schon begonnen), Kain, — ein metaphysischer Stoff, so etwas wie der Manfred, aber in fünf Akten, vielleicht mit einem Chor; Francesca da Rimini, in fünf Akten, und wer weiß, ob ich mich nicht an einen Tiberius wage.[93]

Ich denke, ich könnte nach meiner tragischen Manier aus der düstern Vereinsamung und dem

---

[93] Byron hat bekanntlich von diesen vier Stoffen nur den Sardanapal und den Kain beendigt. Silvio Pellico hat später eine etwas weinerliche Tragödie „Francesca da Rimini" geschrieben. Von Byron haben wir eine meisterhafte Übersetzung der betreffenden Stelle in Dante's „Inferno", Canto V. 73 bis zu Ende.

zunehmenden Alter des Tyrannen etwas machen, auch mit Berücksichtigung seines Aufenthaltes in Caprea, indem ich die Details mildere und die Verzweiflung schildere, die ihn zu so entsetzlichen Amüsements geführt hat. Nur ein gebrochnes, starkes und düsteres Gemüt konnte sich solche einsamen Schrecknisse wählen, — und dazu war er um die Zeit alt und Herr der Welt.

Furcht und Hoffnung.

Tagebuch.

Wie kommt es, daß in den Vollgenuß des Verlangens und der irdischen Lust sich immer ein gewisses Gefühl des Zweifels und der Sorge mischt,[94] — eine Furcht vor dem, was kommen kann — ein Zweifel an dem, was ist, und ein Rückblick auf die Vergangenheit, der oft ein Licht auf die Zukunft wirft?

Warum das Alles? Ich weiß es nicht, — nur daß wir auf den höchsten Punkten am leichtesten schwindlich werden und uns nie vor einem Falle fürchten, als wenn wir am Abgrunde stehen.

Darum bin ich nicht sicher, ob Furcht nicht eigentlich ein angenehmes Gefühl ist, — Hoffnung ist wenigstens eines, und was ist Hoffnung,

---

[94] „Die Wollust der Kreaturen ist gemischt mit Bitterkeit", heißt ein alter deutscher Spruch.

wenn sie nicht mit Furcht gemischt ist? Und gibt es eine angenehmere Empfindung als die der Hoffnung? Was würde uns die Zukunft sein, wenn wir keine Hoffnung mehr hätten? Eine Hölle?

Was die Gegenwart ist, wissen leider die Meisten. Und welches Gefühl haben wir beim Rückblick auf die Vergangenheit? Das der betrogenen Hoffnung. Ergo, in allem menschlichen Tun und Treiben — Hoffnung, nichts als Hoffnung!

Lord Byron, der Wohltäter Italiens.

Tagebuch. 29. Januar 1821.

Gestern war die alte Frau von 95 Jahren bei mir. Sie erzählte mir, ihr ältester Sohn, wäre er nur am Leben geblieben, würde jetzt 70 Jahre alt sein. Sie hat noch mehrere Zähne. Tiefe Falten im Gesicht. Ich gab ihr einen Louisd'or, bestellte ihr einen neuen Anzug und setzte sie auf meine wöchentliche Pensionsliste. Bis jetzt hat sie im Walde gearbeitet, Holz und Pinienäpfel gesammelt, — eine schöne Beschäftigung, wenn man 95 Jahre alt ist. Sie hat ein Dutzend Kinder, von denen einige noch leben. Ihr Name ist Maria Montanari. Ich traf einen Trupp der sogenannten „Americani", eines liberalen Klubs, alle in voller Rüstung, sie sangen aus Leibeskräften: „Sem tutti soldat' per la libertà".[95] Sie grüßten mich im Vorbeireiten, ich erwiderte ihren Gruß und ritt weiter. Dies zeigt, wie heute die Stimmung in Italien ist.

Über Schlegels Dantekritik.

Im Schlegel gelesen. Von Dante sagt er: „Der größte und nationalgesinnteste Italienische Dichter war nie sehr beliebt bei seinen Landsleuten." — Das ist falsch. Es gibt mehr Ausgaben und Kommentare von Dante (und in letzter Zeit auch Nachahmer[96] als von allen ihren übrigen Dichtern zusammengenommen. „Nicht beliebt!" Das wäre! Sie sprechen hier Dante, sie schreiben Dante, sie denken und träumen heute nur noch Dante, und zwar in einem Grade, daß es geradezu lächerlich erscheinen könnte, wäre es nicht doch so begründet.

Ähnlich spricht dieser gute Deutsche auch von Gondeln auf dem Arno! — und solch ein Kerl wagt es, über Italien zu schreiben!

Außerdem sagt er, Dante's Hauptfehler sei mit einem Worte „der Mangel an zarten Gefühlen." Zarte Gefühle! — und Francesca da Rimini, und die Gefühle des Vaters im Ugolino und Beatrice und La Pia? Ist das noch nichts?

---

[95] „Wir sind alle Soldaten für die Freiheit."
[96] Namentlich Monti.

Wenn Dante zart sein will, so kommt ihm Keiner darin gleich. Freilich ist es wahr, daß im Hades der Christen, der Hölle, nicht viel Platz für Zartheit ist, aber wer außer Dante hätte noch so viel Zartheit in diese Hülle bringen können? hat Milton auch nur eine Spur davon? Nein! — und dann Dante's Himmel, ist er nicht ganz Liebe, Glorie und Majestät?! —

Selbstkenntnis.

Tagebuch 31. Januar 1821, Mitternacht.

Las heute in Grimms Korrespondenz. Er wiederholt häufig, wenn er von einem Dichter oder sonst einem Manne von Genie spricht, selbst von einem bedeutenden Musiker (z. B. Grétry), daß er wohl gewesen sein müsse „une âme qui se tournemente, un esprit violent."

Wie weit er hierin Recht hat, weiß ich nicht; wäre es aber so, so müßte ich ein Dichter per eccellenza sein, denn ich hatte stets so eine Seele, die nicht nur mich, sondern Alles, was mit mir in Berührung kam, quälte. Und mein esprit ist so violent, daß er mich meines Esprit zuweilen gänzlich beraubt. —

Angriffe auf Lord Byrons „Cain".

An Murray	Pisa, 8. Februar 1822.

Angriffe auf mich waren zu erwarten, aber ich sehe aus den Zeitungen, daß man auch gegen Sie Angriffe schleudert, was ich aufrichtig gestanden nicht erwartet hatte. Wie man Sie für das verantwortlich machen kann, was ich schreibe, bin ich außer Stande zu begreifen.

Wenn „Cain" gottlos ist, so ist das „Verlorne Paradies" gottlos mitsammt seinen Worten im Munde Satans: „Böses, sei Du mir Tugend!" Sagt Luzifer in meinem Mysterium irgendetwas Stärkeres?

Cain ist nichts weiter als ein Drama, nicht eine philosophische Argumentation. Wenn Luzifer und Cain darin sprechen, wie der erste Empörer und der erste Mörder sprechen mußten, so sprechen doch auch alle übrigen Personen genau ihrem Charakter gemäß, — und der Ausdruck der stärkeren Leidenschaften ist doch von jeher dem Drama gestattet gewesen.

Ich habe sorgsam vermieden, den Herrn selbst, wie in der Schrift, auftreten zu lassen (Milton hat das unklugerweise getan), sondern habe ihn seinen Engel zu Cain schicken lassen, um so jenes zarte Gefühl zu schonen, mit welchem Jeder begreift, daß man sich von Jehova keine passende Vorstellung machen kann. Die alten Mysterienspiele waren sehr freigebig mit dem Auftreten der Gottheit selbst, und alles dies habe ich in meinem neuen Mysterium vermieden.

Ich kann nur sagen: „Me, me; en adsum, qui feci!"

Sollte irgendein Angriff gegen Sie unternommen werden, so dirigieren Sie ihn nur gegen mich, denn ich will und muß ihm Stand halten. Wenn Sie durch die Veröffentlichung Geldverluste erlitten haben, so will ich Ihnen allen und jeden Schaden ersetzen. Sagen Sie nur, daß Sie wie Herr Gifford und Hobhouse gegen die Veröffentlichung demonstriert haben, daß ich allein sie verursacht und also auch allein den Schaden zu tragen habe.

Sollte man mit der Verfolgung fortfahren, so will ich selbst nach England kommen, — d. h. wenn ich dadurch die Gefahr von Ihnen abwenden kann. Schreiben Sie mir Alles. Sie sollen nicht für mich leiden, wenn ich es irgendwie hindern kann. Benutzen Sie diesen Brief ganz wie Sie wollen.

Stets der Ihrige

Byron.

Lord Byron und die Italienische Bewegung.

Tagebuch. 6. Februar 1821.

Diese Nacht schickte der Graf Pietro Gamba einen Mann mit einem Sack voll Bayonetten, Musketen und einigen hundert Patronen mir ins Haus, ohne mich vorher zu benachrichtigen, obgleich ich ihn vor kaum einer halben Stunde gesprochen hatte. Vor etwa zehn Tagen sollte es hier losgehen und die Liberalen sammt den Brüdern Carbonari baten mich, eine Anzahl Musketen für einige unserer Leute zu kaufen. Das tat ich denn auch schleunigst, bestellte Munition und die Kerle wurden ausgerüstet.

Der Aufstand wurde verhindert, weil die Barbaren[97] eine Woche früher losmarschierten, als Anfangs verlautet hatte. Nun hat die Regierung hier befohlen, alle Waffen sollen ausgeliefert werden, — und was tun da meine Freunde, die Patrioten, zwei Tage darauf? Sie schicken mir dieselben Waffen auf den Hals, die ich ihnen auf ihr Begehr mit eigener Gefahr und eigenen Kosten geliefert.

Glücklicherweise war Lega da, um die Waffen in Empfang zu nehmen. Jeder andere meiner

---

[97] Byrons gewöhnliche Art der Bezeichnung für die Österreicher.

Diener (mit Ausnahme von Fletcher und Tita[98]) würde die Geschichte sofort verraten haben. Ich wäre übrigens in einer schönen Verlegenheit, wenn man mich denunzierte und die Waffen entdeckt würden.

18. Februar 1821.

Heute habe ich nichts von meinen lieben Carbonari gehört. Inzwischen liegen meine Zimmer und Keller unten ganz voll von ihren Bayonetten, Flinten, Patronen und was weiß ich noch. Ich vermute, sie betrachten mich wie eine Art von Depot, welches man im Notfalle opfert. Es tut nichts, wer und was geopfert wird, wenn nur Italien dadurch frei wird. Das ist ein großes Ziel, die Poesie all dieser Politik. Man denke nur: ein freies Italien! Seit den Tagen des Augustus hat dergleichen nicht existiert.

Die Zeit des Julius Cäsar nenne ich noch eine freie, denn jeder konnte sich der einen oder andern Partei anschließen und die beiden Parteien waren sich Anfangs ziemlich ebenbürtig. Später aber wurden die Prätoren und legionarii die Herren, und nach ihnen? —

Nun wir wollen endlich einmal sehen, wessen

---

[98] Battista, der getreue Gondolier aus Venedig, der Lord Byron nach Griechenland und dessen Leiche nach England folgte.

Karte jetzt fallen wird. Das Beste, was wir und was selbst die Verzweifelten tun können, ist, — zu hoffen. Die Holländer hatten in ihrem siebenzigjährigen Kriege mehr Arbeit als diese Burschen hier.

23. Februar 1821.

Erhielt einen komischen Brief von einem Manne, der mir mitteilt, daß die Barbaren mir sehr übelwollen. Er ist wahrscheinlich ein Spion oder ein Schwindler. Aber selbst wäre dem so, wie er sagt, so können die Barbaren ihre Feindschaft Keinem schenken, der sie mehr verabscheut und verflucht als ich, und der, wenn die Stunde kommt, ihren Plänen größeren Widerstand leisten wird!

24.Februar 1821.

Heute Morgen langte hier die geheime Kunde von der Grenze an, die für die Carbonari so schlecht wie möglich lautet. Der Plan ist mißlungen, die Führer sind verraten und die Neapolitaner haben nicht nur nicht losgeschlagen,[99] sondern sogar der Päpstlichen Regierung und den Barbaren erklärt, sie wüßten um die ganze Sache nichts!!!

Das ist der Weltenlauf und so gehen die Ita-

---

[99] Die größte Hoffnung der Berschwomen in der Romagna beruhte auf dem Losbrechen der Empörung in Neapel.

liener jedesmal aus Mangel an Einigkeit zu Grunde. — — Ich hatte stets so eine Ahnung, daß die Sache scheitern würde, wollte aber doch nie die Hoffnung aufgeben, und tue es auch jetzt noch nicht. Ich will Alles, was ich für die Sache der Freiheit mit Geld oder selbst mit meinem Leben tun kann, willig darbringen, und habe das vor einer halben Stunde den Hauptführern auch erklärt. Ich habe etwas mehr als 500 Pfund, 2500 Skudi, zu Haufe, mit denen ich den Anfang machen wollte.

Lord Byron über das Drama.

An Murray. Ravenna, 4. Januar 1821.

Ich bin überzeugt, daß eine große Tragödie auf andere Weise zu schaffen ist, als durch die Befolgung der Manier unserer alten Dramatiker.[100] Sie sind voll von großen Fehlern, die man nur der Schönheit ihrer Sprache zu Gute hält.

Eine große Tragödie muß natürlich und doch regelmäßig sein wie die der Griechen, — ich meine nicht, man solle sie ohne Weiteres nachahmen, nur die äußere Art und Weise auf unsere Zeiten und Verhältnisse angewendet und den Chor weggelassen.

---

[100]Lord Byron unterschätzte oder gab sich den Anschein, als unterschätze er Shakespeare.

Sie werden lachen und mich fragen: Warum versuchen Sie's denn nicht? Wie Sie sehen, habe ich in Marino Faliero einen Versuch gemacht, viele Leute halten aber mein Talent für „wesentlich undramatisch", und ich bin nicht ganz sicher, ob sie nicht Recht haben. Wenn Marino Faliero nicht Fiasko macht — ich meine beim Lesen, denn für die Bühne ist er so wie so nicht, — so werde ich mich noch einmal in dem Genre versuchen. Da ich aber denke, daß Liebe nicht der Hauptgegenstand für eine Tragödie ist — wenn auch unsere meisten Stücke sich darauf gründen —, so werden Sie an mir nie einen volkstümlichen Dichter haben. Liebe sollte an sich keinen tragischen Stoff bilden, es müßte denn eine wütende, verbrecherische, unglückselige Liebe sein. Die gewöhnliche sentimentale und weinerliche Liebe ist etwas für die Galerie und den zweiten Rang.

Wenn Sie sich einen Begriff machen wollen von dem, was ich jetzt in meinen Dramen versuchen will, dann nehmen Sie einmal die Übersetzung der Griechischen Tragiker zur Hand. Ich will nicht sagen, das Original, das wäre eine unverschämte Anmaßung meinerseits, aber die Übersetzungen bleiben so weit hinter den Originalen zurück, daß ich den Vergleich mit meinen Plänen riskieren kann. Alsdann halten Sie die Einfachheit des dramatischen Knotens derselben mit meinen Stücken zusammen, — aber beurteilen Sie mich nicht nach Ihren alten verrückten Dramatikern. Das wäre gerade so, als tränken Sie erst ein Glas Usquebaugh und dann reines Quellwasser. Ich hoffe doch, Sie werden Schnaps nicht für ein edleres Element halten als die in Gottes lieber Sonne rein hervorsprudelnde Quelle.

Und derselbe Unterschied besteht zwischen den Griechen und jenen verrückten Scharlatanen, — immer mit Ausnahme von Ben Jonson, der ein Gelehrter und Klassiker war. — Aber vor allen Dingen messen Sie mich nicht mit der Elle Ihrer alten oder neuen Schneider. Nichts ist so leicht, als eine recht verwickelte Intrige in ein Stück hinein — zu pfuschen.

Don Juan.

An Murray.   Ravenna, 17. Januar 1821.

Der dritte Gesang des Don Juan soll „langweilig" sein?[101] — Nun, Sie müssen sich schon damit zufrieden geben, besonders da die beiden ersten und die beiden folgenden Gesänge erträglich sind.

Was soll ich zu Folgendem denken? Sie und Douglas Kinnaird[102] und Andere schreiben mir,

---

[101]Der das dolce far niente Don Juans und der Haidee schildert!
[102]Des Dichters Geschäftsführer in London.

daß die beiden ersten bis jetzt erschienenen Gesänge zu dem Besten gehören, was ich je geschrieben habe, und auch allgemein dafür gehalten werden. Augusta schreibt, man hält sie für „verdammenswert" (ein bitteres Wort das für den Dichter, hm, Murray?) selbst als Dichtung, und sie habe so viel dagegen gehört, daß sie es nicht lesen wolle, — und sie hat es auch nicht gethan.

Dem sei nun, wie ihm wolle, ändern kann ich nichts, das ist nicht mein Forte. Lassen Sie nur die drei neuen Gesänge ohne großes Geschrei erscheinen, vielleicht haben sie doch Erfolg. —

Gegen die Aufführung des Marino Faliero.

An Murray. Ravenna, 20. Januar 1821.

Wahrlich, ich kann nicht begreifen, wie Harris oder Elliston[103] so verrückt sein können, den Marino Faliero aufführen zu wollen. Ebenso gut könnten sie den Prometheus von Aeschylus aufführen. Ich meine nur vergleichsweise und im vollen Bewußtsein des Unterschiedes zwischen den beiden Stücken, nur um zu zeigen, wie töricht der Gedanke ist.

Die Italienischen Zeitungen sprechen von einer „Clique gegen das Stück". Sicher ist eine Clique da. Wie könnte es auch anders sein, da

---

[103] Londoner Theateidirektoren.

ich nie im Leben weder Menschen noch Vieh, weder Vorurteilen noch politischen Strömungen geschmeichelt habe. Es muß eine Partei gegen einen Mann sich finden, der noch dazu ein populärer Dichter geworden, oder wenigstens ein erfolgreicher. Ich glaube, alle Parteien müßten gegen mich Partei machen.

— — Gott stehe mir bei, aber weit wie ich von London entfernt bin, behandeln mich die wenigen Personen, auf die ich rechnen zu dürfen glaubte, wie einen Leichnam oder einen Narren, und ich war ein Narr, diese für etwas Besseres zu halten als die übrigen Menschen.

P.S.

Ich habe keine Sorge, die mir mehr am Herzen liegt (d. h. in literarischen Dingen), als die Aufführung dieses Dramas zu verhindern. Kurz und gut, ehe ich dieselbe zugebe, will ich es lieber ganz und gar unterdrücken und nur vierzig Exemplare als Geschenke für meine Freunde abziehen lassen. Was müssen diese spekulierenden Direktoren für vermaledeite Narren sein, daß sie nicht sehen, wie das Stück vollkommen ungeeignet für ihre Bretterbude ist! —

Lord Byron und sein Verleger.

An Murray. Ravenna, 2. Februar 1821.

Ihr Entschuldigungsbrief wegen Ihres langen Schweigens ist angekommen. Ich empfange den Brief, lasse aber die Entschuldigungen nur aus Höflichkeit gelten, etwa wie man einem Manne, der uns auf die Zehen tritt und dann um Verzeihung bittet, solche gewährt, den Schmerz aber doch fühlt, besonders wenn man auf der Stelle ein Hühnerauge hat.

Ich höre, daß ein Englischer Schriftsteller seine Autorrechte noch speziell in Frankreich geltend machen kann, — für einen bekannten Schriftsteller eine sehr wichtige Tatsache. Nun, ich will Ihnen einen Vorschlag machen und nicht das Geringste dafür von Ihnen verlangen, wenn Sie auch schäbig genug waren, seit drei Monaten meine Briefe nicht zu beantworten. Bieten Sie Galignani die Ausnutzung des Autorrechts in Frankreich an; wenn er es abschlägt, so wenden Sie sich an irgendeinen andern Französischen Buchhändler. Ich bin bereit, jede Abmachung zu unterzeichnen, ohne daß es Ihnen meinetwegen auch nur einen Sou kosten soll.

Ich will nur mit Englischen Buchhändlern zu tun haben. — Das ist doch offen und ehrlich gesprochen und etwas schöner als Ihr verschmitztes Schweigen. Sie sind ein ganz vorzüglicher Kerl, mio caro „Moray" aber ab und zu haftet Ihnen noch etwas Fleetstreet an, ein Stückchen Krume von dem alten Laib Brot.

Gegen mich brauchen Sie nicht vorsichtig und argwöhnisch zu sein, ich habe Ihnen nie Anlaß dazu gegeben. Ich werde mit Ihnen stets offen reden: so z. B. merken Sie sich's, wenn Sie mit den Dienern des Apollo arithmetisch sprechen, so geschehe das in Guineen, nicht in Pfunden; Dichter, Ärzte und Auktionäre haben dieselbe Sprache.

Der Plan des Don Juan.

An Murray. Ravenna, 16. Februar 1821.

Der fünfte Gesang ist so wenig der letzte Gesang des Don Juan, daß er vielmehr kaum erst der Anfang ist. Ich beabsichtige, ihn durch Europa wandern zu lassen, mitten durch Belagerungen, Schlachten und Abenteuer aller Art, und ihn dann wie weiland Anacharsis Cloots in der Französischen Revolution endigen zu lassen. Ich weiß weder, wie viele Gesänge das kostet, noch ob ich (selbst wenn ich leben bleibe) es beendigen kann, aber so ist wenigstens meine Absicht mit dem Gedicht.

Ich gedenke, ihn in Italien den Cavalier servente spielen zu lassen, in England soll er eine Scheidung verursachen und in Deutschland der sentimentale Liebhaber mit dem Werthergesicht sein. So soll er in jedem dieser Länder die verschiedenen Lächerlichkeiten der Gesellschaft aufdecken.

Je älter er dann wird, desto mehr lasse ich ihn allmählich gâté und blasé werden, wie das ja auch ganz natürlich ist. Nur bin ich noch nicht ganz sicher, ob ich ihn in der Hölle oder in einer unglücklichen Ehe begraben soll, da ich nicht weiß, welches die schlimmere Strafe ist; die spanische Tradition sagt, die Hölle, aber dies ist wahrscheinlich nur eine allegorische Bezeichnung des andern Zustandes.

So da haben Sie nun Alles, was Sie über meine Absichten mit Don Juan wissen wollten. —

Byrons Protest gegen die Aufführung seiner Dramen.

An Mr. Perry.[104]　　　　　Ravenna, 22. Januar 1821.

Werter Herr!

Soeben habe ich eine seltsame Nachricht erhalten, die Ihrem Publikum sicher nicht unangenehmer sein kann als mir. Briefe und Zeitungen erweisen mir die Ehre, mir mitzuteilen, daß einige Londoner Theaterdirektoren die Absicht he-

---

[104] Londoner Zeitungsbesitzer.

gen, das Gedicht „Marino Faliero" aufzuführen, — ein Stück, das niemals für die Darstellung auf der Bühne geschrieben war und hoffentlich auch nie aufgeführt werden wird. Es ist unzweifelhaft dazu untauglich. Ich habe nur für den einsamen Leser geschrieben und verlange keinen andern Beifall als seine stille Befriedigung.

Da nun ein Versuch, mich gleich einem Gladiator in die theatralische Arena zu schleppen, eine Verletzung jedes literarischen Auslandes ist, so vertraue ich fest darauf, daß der unparteiische Teil der Presse dieser Beschimpfung Einhalt gebieten wird. Ich sage Beschimpfung, denn das ist jede Rechtsverletzung, und ich berufe mich auf mein gutes Recht als Autor, um zu verhindern, daß meine Dichtung zu einem Bühnenstück gemacht werde. Ich habe zu viel Achtung vor dem Publikum, um dergleichen je zu gestatten. Hätte ich seine Gunst erlangen wollen, so hätte ich eine Pantomime geschrieben. Ich habe schon gesagt, ich schreibe nur für. den Leser. — Der Beifall der Zuhörer in einem Theater würde mich nicht erfreuen, wohl aber konnte ihr Tadel mich schmerzen. Die Bedingungen sind also, auf beiden Seiten nicht gleich. Sie werden mich vielleicht fragen, wie das möglich ist; Tadel könnte mich wohl kränken, aber Lob mir doch Vergnügen machen. — Keineswegs; der Tritt eines Esels oder der Stich einer Wespe kann denen sehr unangenehm sein, die in dem Schreien des einen oder dem Gebrumm der andern durchaus nichts Schönes finden.

Dies ist vielleicht kein sehr höflicher Vergleich, aber ich habe keinen andern bei der Hand und er drängt sich Einem ganz natürlich auf.

Byron und seine Tochter Allegra.

An Mr. Hoppner.　　　　　Ravenna, 3. April 1821.

Ich möchte noch beme rken, daß ich durchaus nicht beabsichtigte und auch jetzt nicht beabsichtige, einem natürlichen Kinde eine englische Erziehung zu geben, denn mit dem Makel ihrer Geburt würde es ihr nur doppelt schwer werden, sich später zu verheiraten. Im Auslande könnte sie sich mit einer guten Erziehung und einer Mitgift von fünf bis sechstausend Pfund sehr respektabel verheiraten. In England würde man eine solche Mitgift für eine Bagatelle ansehen, im Auslande gilt sie schon für ein kleines Vermögen.

Es ist außerdem mein Wunsch, daß sie römisch-katholisch werden soll; ich halte den Katholizismus für die beste Religion, da er jedenfalls das älteste unter den christlichen Glaubensbekenntnissen ist. —

Über den Tod von John Keats.

An Shelley. Ravenna, 26. April 1821.

Ich bin sehr traurig über Ihre Mitteilung von dem Tode des jungen Keats,[105] — ist es wirklich wahr? Ich habe nie geglaubt, daß eine Kritik solche tödliche Wirkung haben könnte. Wenn ich auch in meiner Veurteilung seiner literarischen Leistungen durchaus von Ihnen abweiche, so ist mir doch jede unnötige Grausamkeit so sehr zuwider, daß ich wünschte, er säße eher auf dem höchsten Gipfel des Parnassus, denn daß er auf solche Art zu Grunde gehen mußte.

Armer Junge! Aber mit einer so maßlosen Selbstliebe, wie er sie besaß, wäre er wahrscheinlich doch niemals glücklich geworden. Ich las die Kritik der Quarterly-Review über seinen Endymion. Sie ist sehr streng, aber sicher nicht so streng wie manche Kritiken desselben Blattes und anderer über noch ganz andere Dichter.

Ich erinnere mich der Wirkung, welche die Kritik der Edinburgh-Review über meine ersten Gedichte auf mich machte; ich fühlte Wut, Erbitterung und auch Widerstandskraft, aber keine Verzagtheit und Verzweiflung. Ich gebe zu, jenes sind auch keine sehr angenehmen Gefühle; aber

---

[105] Keats starb aus Gram über eine scharfe Kritik seiner Gedichte, — ein Seitenstück zu dem frühen Tode Chattertons.

in dieser Welt voll Kampf und Wirren und besonders in der Laufbahn eines Schriftstellers sollte man erst überlegen, wie weit die eigene Widerstandskraft reicht, ehe man sich in die Arena hineinwagt!

— — Sie kennen ja meine Meinung über diese Dichterschule zweiter Klasse. Sie kennen auch die hohe Meinung, die ich von Ihren Dichtungen habe, weil diese keiner Schule angehören. Ich las Ihre „Cenci", — aber abgesehen von dem gänzlich undramatischen Charakter des Stoffes, bin ich auch kein Bewunderer unserer alten Dramatiker als Muster für uns. Ich bestreite, daß die Engländer bis heute überhaupt schon ein Drama gehabt haben. Ihre „Cenci" indessen sind ein Werk voll großer Kraft und poetischen Hauches. Was mein Drama anbetrifft, bitte, revanchieren Sie sich daran für Alles, was ich über Sie gesagt habe. — —

Sie fordern mich auf, ein großes Gedicht anzufangen, ich habe aber weder Neigung noch Kraft dazu. Je älter ich werde, desto mehr nimmt meine Gleichgültigkeit zu, — nicht gegen das Leben, denn das lieben wir aus Instinkt, aber gegen die Reize des Lebens. Außerdem hat mich das neuliche Mißlingen des italienischen Planes hier aus manchen Gründen verstimmt. Empfehlen Sie mich Frau Shelley.

Stets der Ihre

Byron.

An Murray.　　　　　　　Ravenna, 26. April 1821.

Ist das wahr, was mir Shelley schreibt, daß der arme John Keats in Rom an der Quarterly-Review starb? Das täte mir sehr leid, — wenn ich auch meine, er hat als Dichter einen falschen Weg eingeschlagen.

Ich weiß aus Erfahrung, daß eine rauhe Kritik für einen schriftstellerischen Anfänger Schirling ist; die Kritik über mein Erstlingswerk (welche die English Bards etc. zur Folge hatte) schlug mich zwar nieder, — aber ich richtete mich wieder auf. Statt wie Keats mir ein Blutgefäß springen zu lassen, trank ich lieber drei Flaschen Claret und begann meine Replik, da ich in dem Artikel über mich nichts finden konnte, wofür ich nach Fug und Recht und Ehre Jeffrey[106] den Schädel spalten konnte.

Ich möchte aber doch nicht in des Mannes Haut stecken, der diesen mörderischen Artikel über Keats geschrieben hat, nicht um alle Ehre und Herrlichkeit der Welt, wenn ich auch keineswegs diese neue Skriblerschule verteidigen will. —

---

[106]Der gefürchtete Chefredakteur der allmächtigen Edinburgh-Review.

Briefliche Causerie.

An Thomas Moore. Ravenna, 28. April 1821.

Lady Noël ist, wie ich von Ihnen höre, gefährlich krank gewesen; vielleicht trösten Sie sich, wenn ich Ihnen melde, sie ist wieder gefährlich gesund.

Ich habe wieder ein oder zwei Hefte Tagebücher für Sie geschrieben, — aber selbst ein noch so kleiner Band geht mit der Post dieses Inquisitionslandes nicht sicher.

Ich habe Ihnen keine Neuigkeiten zu melden, es bleibt eben alles beim Alten. So sagte mir vor einigen Abenden auch eine schöne Frau, während sie mit Tränen in den Augen die Harfe spielte —: „Ach, die Italiener müssen sich jetzt wieder aufs Opernschreiben legen." Ich fürchte, das und Makkaroni sind ihr eigentliches Forte. Und doch schlägt in ihren Reihen manch edles Herz. —

Prosa oder Poesie.

Aus Byrons Essay über Pope.

Ich will nichts mehr von diesem albernen Geschwätz über die „Sittenlosigkeit" in der Poesie hören! Wird nicht Anakreon in unsern Schulen gelesen, — wird er nicht übersetzt, gepriesen, neu herausgegeben? und sind darum die englischen Schulen oder die englischen Frauen auch nur um ein Deut sittenloser? Erst werfe man die Alten ins Feuer und dann lästere man die modernen Dichter!

Sittenlosigkeit?! — In einer einzigen französischen Prosa-Novelle oder einer deutschen Komödie[107] steckt mehr wahres Unheil und gefährliche Sittenlosigkeit als in aller Poesie, die je geschrieben oder gesungen ward seit den Tagen des Orpheus.

Die Gefühlsanatomie eines Rousseau und einer Madame de Stasi sind gefährlicher als jede beliebige Quantität Verse. Sie sind es darum, weil sie über die Leidenschaften räsonnieren, während die Poesie in sich selbst Leidenschaft ist und darum keine Systeme aufstellt. Sie mag unter Umständen aufregend wirken, aber sie argumentiert nicht; sie mag falsch sein, aber sie huldigt doch nicht dem Optimismus! —

Die höhere Gesellschaft in Europa.

An Mr. Hoppner. Ravenna, 11. Mai 1821.

Mir ist es immer so vorgekommen, als ob der Mangel an Moral in Italien nicht von der klösterlichen Erziehung herrührt; denn soweit meine

---

[107] Anspielung auf Kotzebue und Konsorten.

genaue Kenntnis reicht, kommen die Mädchen aus den Klöstern ganz unschuldig heraus, sodaß sie nicht einmal wissen, worin die moralische Sünde besteht. Die Verderbtheit wird erst durch den Zustand der Gesellschaft erzeugt, in die sie unmittelbar nach dem Klosterleben hineingeraten. Es ist gerade so, als wenn man ein Kind hoch oben auf einem Berge erzieht und es dann an die See bringt, es hineinwirft und verlangt, es soll nun darin schwimmen.

Dieser Zustand ist zwar noch jetzt ziemlich allgemein so, aber er nimmt doch schon eine andere Gestalt an, seitdem man die Mädchen mehr nach ihrer Neigung verheiratet. Ähnlich ist es in Frankreich.

Und nach alledem, wie steht es denn mit der höheren Gesellschaft in England? Nach meiner Erfahrung und nach dem, was ich dort gesehen und gehört habe (und ich habe in der höchsten und sogenannten besten Gesellschaft gelebt), kann nichts verderbter sein als die dortige Lebensweise. In Italien war die Sache früher noch systematischer als heute, jetzt aber fangen sie hier an, sich selbst des in Regeln gebrachten Cicisbeotums zu schämen. In England aber ist die einzige Huldigung, die man der Tugend zollt, — die Heuchelei. Ich spreche natürlich nur von dem Ton des High-Life, — die mittleren Stände mögen sehr sittlich sein. —

Enthusiasmus für Lord Byron.

An Thomas Moore. Ravenna, 5. Juli 1821.

Heute hatte ich einen Besuch von einem Herrn Coolidge aus Boston, einem Freunde Ihres Irvings[108]. Ich war sehr höflich zu ihm während der wenigen Stunden seines Aufenthalts und sprach viel mit ihm von Irving, dessen Schriften mich höchlichst ergötzen. Ich fürchte, der junge Mann hat sich sehr in mir getäuscht; er hatte jedenfalls in mir einen misanthropischen Menschen erwartet, mit Hosen aus Wolfspelz und nur in einsilbigen Wörtern antwortend, anstatt einen Mann von Welt.

Ich kann diese Menschen niemals zu der Überzeugung bringen, daß die Poesie der Ausdruck der erregten Leidenschaft ist und daß das ganze Leben eines Menschen ebensowenig aus lauter Leidenschaft besteht, wie es ein ewiges Erdbeben oder ein unendliches Fieber gibt. Nebenbei, wie könnte man sich in einem solchen Zustande sonst auch selbst rasieren?!

Ich erhielt eben einen eigentümlichen Brief von einem jungen Mädchen aus England (welches ich nie gesehen). Sie schreibt mir, sie liege hoffnungslos an der Auszehrung danieder, könne

---

[108] Der bekannte amerikanische Schriftsteller Washington Irving, Verfasser eines Aufsatzes über Byrons Familiensitz Newstead-Abbey.

aber nicht aus dieser Welt scheiden, ohne mir für das Entzücken zu danken, das ich ihr durch meine Dichtungen seit einer Reihe von Jahren u.s.w. u.s.w. Die Unterschrift lautet einfach N. N. A. und der Brief hat nicht einen Funken englischer Heuchelei oder gottseliger Salbaderei. Sie sagt nur einfach, sie müsse bald sterben, und da ich so sehr zu ihrem Vergnügen während ihres Lebens beigetragen, so wolle sie mir das bekennen, bittet mich aber, den Brief zu verbrennen. Das kann ich nun nicht tun, da ich einen solchen Brief, unter den Verhältnissen geschrieben, für wertvoller halte als ein Doktordiploma von Göttingen!

Früher bekam ich einmal einen Brief aus Drontheim in Norwegen (aber diesmal nicht von einem sterbenden Mädchen), und zwar in Versen, die so eine ähnliche Lobpreisung enthielten. Solche Dinge lassen Einen zuweilen daran glauben, daß man ein Dichter ist!

Weitberühmt auf Erden.

Tagebuch.

Am Sommer 1817 erhielt ich eine Einladung nach Holstein von einem Herrn Jacobsen aus Hamburg, mit derselben Gelegenheit auch eine deutsche Übersetzung von Medora's Lied im Corsaren von einer Westphälischen Baronesse, mit einigen Originalversen von ihr (recht hübsch und à la Klopstock), und einer Prosaübersetzung des Liedes über das Verhältnis meiner Frau zu mir. Da das meine Frau mehr interessierte als mich, so schickte ich es ihr, zugleich auch den Brief von Herrn Jacobsen.

Es war seltsam genug, eine Einladung zu erhalten, den Sommer in Holstein zuzubringen, während ich in Italien war, — und noch dazu von Leuten, die ich nie gekannt habe. Der Brief war nach Venedig adressiert; Herr Jacobsen spricht darin „von den wilden Rosen, die in dem holsteinischen Sommer blühen". Warum wanderten denn die Cimbern und Teutonen aus?

Wie wunderbar spielt das Leben mit dem Menschen! Zeigte ich mich jetzt vor dem Hause, wo meine Tochter lebt, so würde man mir die Tür vor der Nase verschließen, — ich müßte denn, was nicht unmöglich wäre, den Türsteher niederschlagen; und wäre ich damals (und vielleicht noch jetzt) nach Drontheim, der entlegensten Stadt Norwegens, oder nach Holstein gegangen, so wäre ich mit offnen Armen von mir Fremden, von Ausländern in ihrem Hause empfangen worden, die durch keine anderen Bande an mich gefesselt sind als durch die des Geistes und des Ruhmes.

Was den Ruhm anbetrifft, so habe ich mein reichliches Teil davon gehabt; gesteigert ist derselbe allerdings durch gewisse menschliche

Schicksale und zwar in höherem Grade, als dies bei den meisten Schriftstellern der Fall gewesen, die im Leben eine ehrenvolle Stelle einnahmen. Im ganzen bescheide ich mich dahin, daß solch Gewicht und Gegengewicht das allgemeine Menschenlos ist.

— — Vor einigen Monaten empfing ich auch den Besuch eines jungen Amerikaners namens Coolidge. Es war ein sehr intelligenter, schöner junger Mann, dem Anscheine nach nicht älter als 20 Jahre; ein wenig romantisch, das kleidet aber einen Jüngling nicht übel, und ungeheuer poetisch gestimmt, — das konnte man wohl schon daraus schließen, daß er sich in meine Höhle hineinwagte. Er brachte mir eine Botschaft von einem alten Diener meiner Familie (Joe Murray) und teilte mir mit, daß er (Mr. Coolidge) von Thorwaldsen in Rom sich habe eine Kopie meiner Büste[109] machen lassen, um sie nach Amerika zu schicken. Ich muß gestehen, der Enthusiasmus dieses jungen transatlantischen Wanderers schmeichelte mir mehr, als wenn mir die Pariser in ihrem Pantheon eine Statue errichtet hatten, — habe ich doch Kaiser und Demagogen noch bei ihren Lebzeiten von ihren Piedestalen herabwerfen sehen. Ich sage, mir klang dies schmeichelhafter, weil es so aus eigenem Antriebe, ohne jeden Nebenzweck und ohne Ostentation ge-

---

[109] In München ist ebenfalls eine Kopie in der Glyptothek.

schah, — das reine, warme Gefühl eines Knaben für den Dichter, den er liebt.

Die Sache muß übrigens nicht billig gewesen sein; ich möchte Thorwaldsen nicht bezahlen, was er für eine Büste verlangt, es sei für wen es wolle, außer etwa für Napoleon oder meine Kinder, oder eine von dem törichten Weibervolk oder für meine Schwester.

— — So oft mich ein Amerikaner um eine Audienz bittet (was nicht selten geschieht), so gewähre ich sie ihm, erstens weil ich ein Volk achte, das sich seine Freiheit durch eigene Kraft und ohne diese Kraft zu mißbrauchen — errungen hat, sodann weil diese transatlantischen Besuche in mir ein Gefühl erwecken, als hielte ich mit der Nachwelt ein Zwiegespräch vom andern Ufer des Styr. — —

In ein oder zwei Jahrhunderten werden die Bewohner Neu-Englands und Neu-Spaniens die alte Heimat besiegen, ganz wie Griechenland, wie Europa ihr Mutterland Asien in alter wie neuer Zeit besiegten. —

Don Juan in Gefahr.

An Murray.   Ravenna, 6. Juli 1821.

Auf besonderes Bitten der Gräfin Guiccioli habe ich ihr versprochen, den Don Juan nicht fortzusetzen. Diese drei Gesänge mögen Sie also als die letzten des Werkes betrachten. Sie hatte die ersten beiden Gesänge in einer französischen Übersetzung gelesen und hat seitdem noch gar nicht aufgehört, mich zu beschwören, ich möchte nicht mehr daran arbeiten. — —

Der Grund ist wohl das allen Frauen gemeinsame Bestreben, dem Gefühl und den Leidenschaften ihr Recht und ihre Macht zu wahren und so die holde Täuschung zu erhalten, die ihre Herrschaft ausmacht. Nun streift aber der Don Juan diese Täuschung ab und lacht darüber, wie über die meisten andern Dinge.

Ich habe noch nie eine Frau gekannt, die nicht Rousseau verteidigte, — aber auch nie eine, die nicht den Duc de Grammont, den Gil Blas und die andern Spottbücher über die Leidenschaft verabscheute, wenigstens wenn sie offen sein wollte. —

Sardanapalus.

An Murray. Ravenna, 14. Juli 1821.

Ich hoffe, der Sardanapal wird nicht auch wieder fälschlich für ein politisches Stück genommen werden. Das lag durchaus nicht in meiner Absicht, da ich lediglich ein Stück asiatischer Geschichte darstellen wollte. Auch mein venezianisches Drama[110] ist streng historisch gehalten.

---

[110]Marino Faliero.

Mein Plan war, gleich den Griechen (eine bescheidene Phrase!) einige auffallende Momente der Geschichte zu dramatisieren.

Sie werden zugeben, daß alles Dies wenig von Shakespeare hat; das ist aber eben das Gute daran, denn ich betrachte Shakespeare als das schlechteste Vorbild, wenn auch als den außerordentlichsten Dichter. Ich hatte mir vorgenommen, so einfach und streng wie Alsieri zu sein, und darum habe ich meine Poesie gezwungen, fast wie die Sprache des gewöhnlichen Lebens klar zu sein. Das Schlimmste ist nur, daß man heutzutage von Königen oder Königinnen nicht leicht sprechen kann, ohne sich dem Vorwurf auszusetzen, man wolle politische oder persönliche Anspielungen machen. Beides hat mir aber fern gelegen.

Nach Pisa.

An Thomas Moore, Ravenna, 19. September 1821.

Hier sitze ich und schwitze und fluche über die große Verpackung aller meiner Sachen, Möbel etc. zur Reise nach Pisa, wohin ich für den Winter gehe. Der Grund ist die Verbannung aller mir bekannten Carbonari und unter ihnen die der ganzen Familie der Gräfin Guiccioli, deren Scheidungsbrief letzte Woche ankam. Sie muß ihrem Vater und den Verwandten folgen, die jetzt in Pisa im Exil sind, weil sie sonst in ein Kloster eingesperrt zu werden riskiert. Der Papst hat nämlich als Bedingung für die Scheidung von ihrem Manne verlangt, daß sie in casa paterna bleibe oder des Auslandes wegen in ein Kloster gehe. Da ich nun nicht wie Hamlet zu ihr sagen konnte, „geh' in ein Kloster", — so stehe ich jetzt im Begriffe, der Familie zu folgen.

Es ist ein schreckliches Verhängnis diese Liebe und hindert Einen in allen Plänen, wo Ehre und Ruhm auf dem Spiele stehen. Jüngst wollte ich nach Griechenland gehen, da hier Alles aus zu sein scheint. Ihr Bruder, ein schöner, tapferer junger Mann, wollte mich begleiten, — er schwärmt für die Freiheit. Aber ach, die Tränen einer Frau, die ihren Gatten um eines andern Mannes willen verlassen hat, und meines eigenen Herzens Schwäche stellen sich allen solchen Plänen in den Weg, ich darf daran nicht mehr denken. —

Über Cain.

An Thomas Moore.

Seit meinem letzten Briefe an Sie habe ich Murray eine neue Tragödie geschickt, „Cain" betitelt. Sie ist ungefähr in dem metaphysischen Tone des

Manfred und von titanischen Deklamationen voll. Luzifer gehört mit zu den dramatis personae; er nimmt Cain auf eine Reise nach den Sternen und dann nach dem Hades, wo er ihn die Phantome einer früheren Welt und deren Bewohner sehen läßt. Ich habe mich dabei nach Cuviers Bemerkung gerichtet, daß die Erde drei oder viermal vorher zerstört worden und von Mammuth und Behemoth und wer weiß was noch Allem bewohnt gewesen sei; Menschen seien aber erst mit der Mosaischen Periode aufgetreten, wie das ja auch die aufgefundenen Knochenreste bezeugen. —

Sie können sich wohl denken, daß die Gespräche Cains mit Luzifer über diese Gegenstände nicht ganz kanonisch sind. — Ich hoffe, Murray hat meine Rhapsodie glücklich erhalten. Sie ist in drei Akten geschrieben und betitelt „Ein Mysterium," im Anklang an die alte christliche Sitte und — weil es für den Leser wahrscheinlich auch ein Mysterium bleiben wird.

Melancholie.

An Murray.   Ravenna, 20. September 1821.

Die Herausgabe meiner Briefe und Tagebücher wird natürlich Zartgefühl erfordern, aber daran kann's wohl nicht fehlen, wenn Moore, Hobhouse und auch Sie mich überleben. Und ich kann Sie versichern, daß mein aufrichtigster Wunsch ist, Sie alle Drei möchten das tun. Ich bezweifle, ob bei meinem Temperament ein langes Leben für mich wünschenswert ist.

Ich leide an einer erblichen Schwermut, die ich natürlich in Gesellschaft unterdrücke, die aber wider meinen Willen in meinen Schriften und wenn ich allein bin — zum Ausbruch kommt. Meine Schwermut ist noch tiefer geworden, wenn dies möglich ist, durch mehrere längstvergangene Ereignisse, — ich spiele hier nicht auf meine Ehe u.s.w. an; im Gegenteil, die Widerwärtigkeiten, die mir daraus erwuchsen, haben mich eher emporgerichtet und mich zum Widerstände gegen die mich empörende Verfolgung aufgestachelt.

Ich sage aber erblich, weil ich allen Grund habe, das anzunehmen. Sie werden wissen, oder vielleicht auch noch nicht wissen, daß mein Großvater mütterlicherseits (ein sehr gescheuter und liebenswürdiger Mann, wie man mir ihn schilderte) sich das Leben genommen haben soll, man fand ihn bei Bath im Avon ertrunken. Ein andrer sehr naher Verwandter von mir, auch mütterlicherseits, nahm Gift und wurde nur mit Not gerettet. — Ich kann also wohl annehmen, daß meine Schwermut auf Erblichkeit beruht. Auch hat man mir stets gesagt, ich sähe Keinem ähnlicher als meinem Großvater mütterlicherseits, ähnlicher als irgendeinem aus meines Vaters Familie, — namentlich bezüglich der melancholischen Stimmung, die ihm eigen war; denn sonst war er ein gutmütiger Mann — und das bin ich nicht.

Der Dichter-Lord.

An Murray. Ravenna, 24. September 1821.

Ich habe über unsere letzte Korrespondenz nachgedacht und mache Ihnen von jetzt ab folgende Vorschläge für unseren ferneren brieflichen Verkehr.

Erstens: Schreiben Sie mir über sich selbst, über Gesundheit, Leid und Freud aller unserer Bekannten; aber quoad me — wenig oder nichts.

Zweitens: Sodapulver, Zahnpulver, Zahnbürsten und dergleichen antiodontalgische oder chemische Artikel wie bisher ad libitum auf mein Conto.

Drittens: Schicken Sie mir keine neuen englischen Bücher, sie mögen heißen wie sie wollen, ausgenommen sind sämmtliche neu erscheinenden Sachen von: Walter Scott, Crabbe, Moore, Campbell, Rogers, Gifford, Joanna Baillie, Washington Irving, Hogg, Wilson, oder ein besonders hervorragendes poetisches Werk, welches sich eine gewisse Achtung zu erringen weiß.

Reisen und dergleichen werden mir willkommen sein, vorausgesetzt, daß sie weder von Griechenland, Spanien, Kleinasien, Albanien noch von Italien handeln. — Weiter will ich absolut keine englischen Bücher.

Viertens: Schicken Sie mir keine periodischen Schriften irgendwelcher Art, keine Edinburgh-, Quarterly-, Monthly-Review, kein Magazin, keine Zeitung, weder englische noch ausländische.

Fünftens: Ich will keine Meinungen über mich mehr hören, weder gute noch schlechte, noch gleichgültige, — von Ihnen oder Ihren Freunden oder sonstwem, keine Beurteilung irgendeines meiner Werke, weder meiner früheren noch derer, die ich schreiben werde.

Sechstens: Alle Verhandlungen in geschäftlicher Beziehung zwischen mir und Ihnen gehen durch die Hand meines Freundes und Anwalts Douglas Kinnaird, oder des Herrn Hobhouse als meines alter ego und Stellvertreters in meiner Abwesenheit wie Anwesenheit. —

Einige dieser Vorschläge werden Ihnen auf den ersten Blick wunderlich vorkommen, aber sie sind alle wohlbegründet. Die Menge Makulatur, die ich unter dem Namen „Bücher" erhalten habe, ist unberechenbar und war weder unterhaltend noch lehrreich für mich.

Revuen und Magazine sind doch höchstens

nur ephemere und oberflächliche Erscheinungen: — wer denkt wohl noch an „den großen Artikel" vom vorigen Jahre in irgendeiner Revue?! Ferner dienen alle diese Zeitschriften nur dazu, meinen Egoismus zu stärken. Sind sie mir günstig, so kann ich nicht leugnen, daß mich ihr Lob erfreut, und sind sie ungünstig, so kränkt mich ihr Tadel. Das Gefühl dieser Kränkung könnte mich leicht zu einer Satire hinreißen, die weder Ihnen noch Ihren Freunden sehr behagen würde. Ihr mögt jetzt darüber lächeln, — wenn ich euch aber einmal packe, so schneide ich euch doch alle kurz und klein wie einen Kürbis!

Ich habe als neunzehnjähriger Jüngling das schon einmal getan und ich möchte wissen, was mich heute mit 33 Jahren verhindern sollte, eure Herzen auf Eure Rippen zu stecken und sie bei langsamem Feuer zu braten, wenn ich nur wollte, — aber ich will eben nicht gern, darum reizt mich nicht dazu! Sollte Jemand meinen Namen so sehr besudeln, daß ich dagegen einschreiten müßte, so werden meine Rechtsanwälte mich schon davon in Kenntnis setzen. Sonst aber möchte ich am liebsten von nichts wissen. —

— Sie werden mich fragen: wozu alles Dies? Ich will Ihnen das beantworten: ich will meinen Geist frei und unbeeinflußt halten von allen persönlichen, jämmerlichen Nadelstichen des Lobes oder des Tadels; meine Seele soll sich frei bewegen können und mein Gefühl soll sein wie das der Toten, die nichts wissen und nichts fühlen von dem, was man über sie spricht oder ihretwegen tut.

Wenn Sie diese Bedingungen beobachten können, so werden Sie sich und Andern manches schmerzliche Gefühl ersparen. Können Sie es aber nicht, so werden wir aufhören, weiter mit einander zu korrespondieren, aber nicht aufhören, Freunde zu bleiben, denn ich werde stets aufrichtig der Ihrige sein.

Byron.

P.S.

Ich habe diese Entschlüsse nicht etwa aus persönlicher Gereiztheit gegen Sie oder Ihre Freunde gefaßt, sondern einfach nach der reiflichsten Erwägung, daß mir die Lektüre jeder Kritik über mich, tadelnd oder lobend, geschadet hat. Während meiner Reisen in der Schweiz und in Griechenland sah ich nichts von alledem, und wie habe ich damals geschrieben! [111] —

An Lady Byron.

Ravenna, 1. März 1821.

Wie ich vorhergesagt, so ist es gekommen, — der Neapolitanische Krieg ist erklärt. Ihre Fonds

---

[111] Manfred, — Childe Harold's Pilgrimage!

werden fallen und ich werde in Folge dessen ruiniert. Das wäre mir persönlich gleichgültig, aber meine Blutverwandten sind mit mir ins Unglück gestürzt. Sie und Ihr Kind sind ja versorgt. Leben Sie glücklich, — das wünsche ich Ihnen Beiden. Leben Sie glücklich und in Freuden, Sie haben's ja dazu! Ich denke nur an meine wirklichen Verwandten, die diesen verwünschten Unruhen zum Opfer fallen werden.

Sie wissen nichts und lassen sich nichts träumen von den Folgen dieses Krieges. Es ist ein Krieg der Menschen mit ihren Monarchen, und wenn er ausbricht, so ist's wie ein Funke ins dürre Gras, wie Unkraut, das üppig unter den Feldfrüchten wuchert. Was der Krieg für Sie und die Engländer bedeutet, das wissen Sie nicht, denn Ihr schlaft Alle. Was er für uns bedeutet, das weiß ich, denn er ist um uns, in uns.

Urteilen Sie selbst, wie sehr ich England und seine Bewohner verabscheue, wenn ich die Heimkehr selbst jetzt verschmähe, wo nicht nur meine pekuniären Interessen, sondern möglicherweise auch meine persönliche Sicherheit dieselbe erfordern.

Ich kann für jetzt nicht mehr darüber sagen, denn alle Briefe werden erbrochen. In kurzer Zeit wird sich's entscheiden, was hier zu tun ist, und dann werden Sie es erfahren, ohne mehr durch mich oder meine Korrespondenz belästigt zu werden. Was aber auch geschehe, das Individuum gilt nichts, so lange es sich um die große Sache handelt.

Weiter habe ich Ihnen über Geschäfte oder sonst etwas nichts mehr zu sagen.

Vorgefühl des frühen Todes.

An Thomas Moore. 1. Oktober 1821.

Ich habe eine starke Vorahnung, daß (abgesehen von irgendeinem unvorhergesehenen Ereignis) Sie mich überleben werden. Der Unterschied von acht Jahren oder mehr zwischen unserm Lebensalter tut nichts zur Sache. Ich fühle in mir (und ich mache mir auch nicht viel daraus) nichts, was mich zur Hoffnung auf ein langes Leben berechtigt. Mein Vater starb mit 36 Jahren[112] und meine Mutter mit 45, — und irgendein berühmter Arzt meint, Niemand lebe lange, dessen Eltern, wenigstens eines davon, nicht alt geworden.

Ich würde mich selbstverständlich sehr freuen, meine ewige Schwiegermutter zu überleben, weniger ihres Vermögens wegen als aus meiner natürlichen Abneigung gegen sie. Aber die Erfüllung dieses berechtigten Wunsches ist wohl mehr, als die Vorsehung, die über alte Weiber wacht, mir gönnen wird. —

— Ich fühle, ganz wie Ihr armer Freund Cur-

---

[112]Lord Byron starb drei Monate nach vollendetem 36. Lebensjahre.

ran[113] vor seinem Ende sagte, „einen Berg von Blei auf meinem Herzen". Ich glaube, das liegt in meiner Natur und mir wird wohl auch nur dasselbe Mittel helfen wie ihm. —

Die Bibel.
An Murray. 9. Oktober 1821.

Schicken Sie mir eine gewöhnliche Bibel mit gutem, lesbarem Druck, in russischem Leder. Ich besitze zwar eine, da sie aber das letzte Geschenk meiner Schwester ist, die ich vermutlich niemals wiedersehen werde, so kann ich sie nur mit äußerster Sorgfalt und nicht häufig genug benutzen, weil ich sie gerne in gutem Zustande erhalten möchte.

Bitte, vergessen Sie es nicht, denn ich bin ein fleißiger Leser und großer Bewunderer der Schrift und hatte sie von Anfang bis zu Ende gelesen, noch ehe ich acht Jahre alt war, — d. h. das Alte Testament; die Lektüre des Neuen Testaments erschien mir immer wie ein schweres Stück Arbeit, die des Alten aber wie ein Hochgenuß. Ich spreche im Gefühl meiner Erinnerung aus der Knabenzeit und in mir wird der Eindruck, den die Bibel auf mich in Aberdeen[114]

---

[113]Der berühmte irische Patriot.
[114]Hier war Byron als Knabe in einer Vorbereitungsschule.

machte, wieder lebendig. —

Byrons Pessimismus.

An Murray. 20. Oktober 1821.

Was Ehrenhaftigkeit anbetrifft, so vertraue ich bei Kauf- oder Tauschgeschäften darauf hin keinem Menschen. Ich will Ihnen auch sagen, warum? Ein Handelsgeschäft ist gleich Hobbe s Naturzustand —: „Der Zustand der Natur ist ein Zustand des Krieges."[115]

So ist es mit allen Menschen. Wenn ich zu einem Freunde komme und sage: „Lieber Freund, leihe mir 500 Pfund", — so tut er es vielleicht, oder er sagt, er will oder kann nicht. Komme ich aber zu selbigem Freunde und sage: „Lieber Freund, ich habe ein sehr schönes Haus, oder Pferd, oder Wagen, oder Manuskript, oder Bücher, Bilder, etc., die wahr und wahrhaftig tausend Pfund wert sind, du sollst sie aber für 500 Pfund haben." — Was tut der liebe Freund? Er sieht sich Alles sehr genau an, brummt hm! und ha! und begeht allen möglichen Humbug, um das Geschäft so billig wie möglich abzuschließen, — weil es eben ein Geschäft ist. Das liegt den Menschen einmal so im Fleisch und Blut, und derselbe Mann, der ohne Zinsen einem Andern tausend

---

[115] Auf Neuhochdeutsch: „In Geldsachen hört die Gemütlichkeit auf."

Pfund leiht, kauft von demselben kein Pferd zum halben Preise.

So steht es einmal damit, da hilft kein Leugnen, und darum verlange ich für meine Werke, so viel ich irgend bekommen kann, und Sie geben mir so wenig wie möglich, — und damit basta! Die Menschen sind eben alle innerlich Schurken und mir tut's nur leid, daß ich kein Hund bin, um sie beißen zu können.

Ich schreibe jetzt ein Memoirenbuch voll von kleinen Anekdoten über Sheridan, Curran etc., über alle öffentlichen Charaktere, mit denen ich bekannt gewesen, und die Meisten habe ich ja mehr oder weniger genau gekannt. Ich will tun, was ich kann, daß Sie nichts durch meinen Tod verlieren!

Wiederbegegnung mit einem Jugendfreunde.

Tagebuch. Pisa, 5. November 1821.

Neulich traf ich Lord Clare[116] auf der Landstraße zwischen Imola und Bologna, nachdem wir uns seit sieben oder acht Jahren nicht gesehen hatten.

Dies Zusammentreffen verwischte für einen Augenblick all die Jahre, die zwischen jetzt und

---

[116]Der liebste Jugendfreund Lord Byrons, den er auch in seinen Hours of Idleness verewigt hat. Vgl. S.4

den Tagen von Harrow dahingeflogen. Es war ein neues, unerkläriches Gefühl für mich, als entstiege ich einem Grabe. Lord Clare war auch sehr ergriffen, — äußerlich sogar mehr als ich, denn ich fühlte, wie ihm sein Herz bis in die Fingerspitzen schlug, es mochte auch vielleicht mein eigener Pulsschlag gewesen sein, der mich auf den Gedanken brachte. — Wir mußten uns wieder trennen, um Jeder seinen eigenen Weg zu gehen, er nach Rom, ich nach Pisa, aber wir gelobten uns, wir wollten im Frühling uns wieder treffen.

Nur fünf Minuten waren wir zusammen und noch dazu auf offener Landstraße, aber ich wüßte kaum eine Stunde meines Lebens, die diese fünf Minuten aufgewogen hätte.

Von Allen, die ich je gekannt, hatte er sich am wenigsten in seinen prächtigen Eigenschaften und seiner treuen Zuneigung geändert, die mich schon auf der Schule so mächtig an ihn fesselte[117]. Ich hätte es nie für möglich gehalten, daß die Gesellschaft oder die sogenannte „Welt" einem Menschen so wenig von ihren schlimmen Eigenschaften einimpfen könnte.

Ich spreche darüber nicht bloß aus eigener Kenntnis, sondern Alle, die ihn kannten, haben mir dasselbe von ihm gesagt. —

---

[117] Es existiert ein reizender Brief von Lord Clare an Lord Byron, den er als Knabe von 12 Jahren geschrieben.

Über Cain.

An Murray. Pisa, 3. November 1821.

Die beiden Stellen im Cain, von denen Sie schreiben, kann ich nicht ändern, ohne Luzifer sprechen zu lassen wie den Bischof von Lincoln, und das würde doch mit dem Charakter des Ersteren schlecht stimmen. —

Auch die andere Stelle entspricht genau den Charakteren; ist es Unsinn, so ist es nur um so besser, denn dann kann doch sicher Niemand daran Anstoß nehmen und je alberner der Satan erscheint, desto gefahrloser ist er für jeden Leser.

Sie sprechen von dem Ärgernis, — als ob solche Dinge wirklich jemals einen Menschen zur Sünde verleitet haben! Sind denn meine Figuren gottloser als Miltons Satan? Und sind nicht Adam, Eva, Adah und Abel so fromm wie der Katechismus?

Gifford[118] ist doch viel zu verständig, als daß er glauben könnte, solche Sachen hätten wirklich ernsthaft böse Wirkungen. Wer hat sich denn je in seinem Glauben durch ein dichterisches Werk irre machen lassen?

Außerdem gestatte ich mir denn doch zu bemerken, daß in diesem Gedicht ja nicht mein persönliches Glaubensbekenntnis zu Tage tritt. Ich mußte aber Cain und Luzifer eine gewisse

---

[118]Der Hauptschöngeist und kritische Beirat Murray's.

Konsequenz in ihren Reden beilegen und so etwas hat man der Poesie noch stets zugestanden.

Cain ist eine stolze Seele: wenn Luzifer ihm ein Königreich oder dergleichen verspräche, so würde ihn das innerlich erheben; die Absicht des bösen Geistes ist aber, ihn in seiner Selbstachtung noch tiefer herabzubeugen, als er es schon ohnehin ist. Darum läßt er ihn unendlich erhabene Wesen sehen, damit er seine eigene Erniedrigung umso lebhafter fühle, und so kommt denn die Stimmung über ihn, welche die Katastrophe herbeiführt. Innere Gereiztheit, nicht absichtliche Tücke oder Neid gegen Abel leitet ihn (letzteres würde ihn verächtlich erscheinen lassen). Wut und Erbitterung über das schreiende Mißverhältnis; seines Zustandes im Leben mit seiner Erkenntnis; lassen ihn sich vergreifen — mehr an dem Leben überhaupt und dem Urheber alles Lebens als an dem betreffenden lebenden Wesen.

Die dann folgenden Gewissensbisse sind die natürlichen Folgen der Einsicht in das Grausige seiner raschen Tat. Hätte er Abels Tod vorher beschlossen, so wäre seine Reue säumiger gewesen.

Widmen Sie es in meinem Namen Walter Scott, oder wenn Sie meinen, er ziehe die „Foskari" vor, so widmen Sie ihm diese. Fragen Sie ihn selbst.

— Ich habe Ihnen schon früher gesagt, daß ich nichts noch einmal umschmelzen kann. Ich bin wie der Tiger: treffe ich mein Ziel nicht beim ersten Ansprung, so ziehe ich mich mürrisch in meine Dschungel zurück; wenn ich aber treffe, so treffe ich sicher und energisch. —

Der „menschenfeindliche" Byron.

An Thomas Moore.   Pisa, 16. November 1821.

Ein Herr N. N., ein Irländisches Genie, mit dem wir hier bekannt geworden, hat außer einer Übersetzung auch einen wirklich ausgezeichneten Kommentar zu Dante geschrieben, worin er manche neue Erklärung gibt und viel Scharfsinn entwickelt. Seine Verse sind leider so, wie Gott sie ihm beschert hat. Er ist aber so fest davon überzeugt, Beides sei gleich gut, daß er den Kommentar nicht von der Übersetzung trennen will, wie ich ihm zart anzudeuten versuchte. —
—

Gestern las ich ihm einen Brief von Ihnen an mich vor und nun bittet er mich, ich möchte Ihnen wegen seiner „Poesie" schreiben. Er ist ein braver Kerl, das kann ich sagen, und seine Verse sind alle — gut irisch.

Was sollen wir nun für den Mann tun? Er sagt, er wolle einen Teil der Kosten mit dem Verleger teilen. Er hält es nicht aus, er muß sich gedruckt — und verspottet sehen, und ich weiß mir keinen andern Rat, als für so wenig wie möglich Spott zu sorgen, denn ich fürchte, er würde an einer schlechten Kritik sterben. Schreiben Sie also an Jeffrey und bitten Sie ihn, er solle gar nichts über ihn sagen, und dasselbe will ich bei Gifford durch Murray's Vermittlung tun. Vielleicht könnte man den Kommentar besprechen, aber den Text totschweigen. Indessen zweifle ich, ob die Hunde das tun werden, der Text ist eben gar zu verlockend für die Kritik. —

P.S.

Sie scheinen die Meinung zu hegen, ich könne meine „Vision"[119] nicht unter dem Einfluß meiner melancholischen Stimmung geschrieben haben. Darin sind Sie aber im Irrtum. Die dichterische Begabung eines Mannes ist eine ganz bestimmte, absonderliche Fähigkeit, eine eigene Seele und hat mit der Alltäglichkeit des Individuums ebensowenig zu tun, wie die Begeisterung der pythischen Seherin mit ihrem eigenen Selbst, nachdem sie ihren Dreifuß verlassen.

---

[119] „Die Vision des jüngsten Gerichtes" — eine beißende Satire gegen den Hofpoeten und Mucker Robert Southey

An Lady Byron.

Pisa, 17. November 1821.

Ich bestätige den Empfang von Ada's Haar, welches sehr weich und schön und fast schon so dunkel ist, wie meines im Alter von zwölf Jahren war, wenn ich nach den Haaren urteile, die sich aus jener Zeit in Augusta's Besitz finden. Aber es ist nicht lockig, wohl weil man es zu lang hat wachsen lassen.

Ich danke Ihnen für die Angabe des Datums und des Namens, und ich will Ihnen auch sagen, warum? Ich glaube, dies sind die einzigen zwei oder drei Worte, die ich von Ihrer Hand besitze. Ihre Briefe habe ich Ihnen zurückgeschickt und außer dem einen Worte „Haushaltung", welches zweimal auf einem alten Wirtschaftsbuche steht, habe ich weiter keine Probe Ihrer Handschrift. —
— Ich nehme an, daß diese Zeilen Sie etwa an Ada s Geburtstag erreichen werden, ungefähr am 10. Dezember. Sie wird jetzt sechs Jahre alt und in noch zwölf Jahren hoffe ich Gelegenheit zu haben, sie zu sehen, — vielleicht schon früher, wenn Geschäfte oder sonst etwas mich zwingen, nach England zurückzukehren.

Eines aber mögen Sie niemals vergessen, gleichviel welche Entfernung zwischen uns liegt, — nämlich daß jeder Tag, der unsere Trennung vermehrt, nach so langer Zeit unsere gegenseitigen Gefühle mildern sollte, die ja einen Versöhnungspunkt stets haben müssen, so lange unser Kind lebt, — und wir wollen wünschen, daß es länger lebe als seine beiden Eltern.[120]

Die Zeit, die seit unserer Trennung vergangen ist, ist größer als die ganze kurze Periode unserer Ehe und die nicht viel längere unserer früheren Bekanntschaft. Wir hatten beide einen bitteren Irrtum begangen, — aber jetzt ist er vorüber und zwar unwiderruflich. Denn wenn auch meine dreiunddreißig Jahre und Ihr um einige Jahre geringeres Alter keine große Lebensspanne sind, so sind doch in einem solchen Alter die Gewohnheiten und die ganze Denkweise gewöhnlich so festgewurzelt, daß eine Veränderung nicht gut möglich ist; und da wir in unseren jüngeren Jahren uns nicht verständigen konnten, so würden wir es jetzt noch weniger können.

Ich sage dies Alles, weil ich Ihnen bekenne, daß ich trotz alledem unsere Wiedervereinigung noch ein ganzes Jahr nach unserer Trennung nicht für so unmöglich gehalten habe, — aber hernach habe ich die Hoffnung aufgegeben und zwar für immer. Gerade diese Unmöglichkeit der Versöhnung jedoch scheint mir ein Grund zu sein, um bei den wenigen Angelegenheiten, über die wir noch zu verhandeln haben, die Höflichkeiten des Lebens und so viel gegenseitige

---

[120] Ada starb früher als ihre Mutter, aber bedeutend später als ihr Vater.

Freundlichkeit zu beobachten, wie sie Leute, die sich nie wieder sehen werden, leichter üben können als sich näher Stehende.

Was mich anlangt, so bin ich heftig, aber nicht boshaft, nur unmittelbare Beleidigungen können meinen Unwillen erwecken. Sie sind kälter und zurückhaltender und darum mögen Sie wohl auch gelegentlich Ihren tiefen, kalten Zorn fälschlich „Würde" — und ein noch schlechteres Gefühl „Wicht" nennen. Ich kann Sie versichern, daß ich Ihnen, ganz abgesehen von allem was ich früher getan haben mag, keinen Haß nachtrage. Vergegenwärtigen Sie sich, daß diese meine Verzeihung etwas wert ist, falls Sie mich beleidigt haben, und noch mehr wert, falls ich Sie je beleidigt habe, — wenigstens wenn die Moralisten Recht haben, welche sagen, daß die Beleidiger nie vergeben.

Ob die Beleidigung nur mir zur Last fällt, oder eine gegenseitige war, oder allein Ihre Schuld, darüber denke ich jetzt überhaupt nicht mehr nach. Nur zweierlei vergesse ich nie: nämlich daß Sie die Mutter meines Kindes sind — und daß wir uns nie mehr wiedersehen werden!

Ich glaube, wenn auch Sie diese beiden Punkte nicht vergessen, so wird es umso besser für uns alle drei sein.

Stets der Ihrige

Noel Byron.

Ein Priester an Lord Byron.

Frome in Somerset, 21. November 1821.

Mylord!

Vor mehr als zwei Jahren verlor ich nach sehr kurzer Ehe ein liebliches und geliebtes Weib durch eine schleichende Krankheit. Sie besaß eine unveränderliche Freundlichkeit des Wesens und eine so auf sich selbst zurückgezogene Frömmigkeit, daß sie dieselbe selten in Worten äußerte, sondern sie auf ihre ganze Lebensweise in sich gleichbleibendem Wohlwollen übertrug.

Zwei Jahre nach ihrem Tode habe ich einige Papiere von ihrer Hand gelesen, die während ihres Lebens Niemand zu sehen bekommen hatte und die ihre geheimsten Gedanken enthalten. Ich fühle mich veranlaßt, Eurer Lordschaft eine Stelle aus diesen Papieren mitzuteilen, die sich unzweifelhaft auf Sie bezieht, zumal ich die Schreiberin derselben mehr als einmal Ihre Geschicklichkeit erwähnen hörte, die Sie auf den Felsen von Hastings gezeigt hätten. —

Gebet einer sterbenden Frau für Lord Byron.

„O Gott, ich schöpfe Mut aus der Verheißung Deines Wortes, um zu Dir zu flehen für Einen, dessen Wohl mich jüngst lebhaft beschäftigt hat. Möge der Mann, den ich meine, und der jetzt wie ich fürchte ebenso sehr wegen seiner Nichtachtung Deiner als wegen der Gaben bekannt ist, die Du ihm verliehen, — möge der Mann seine eigene Gefahr erkennen und in der Religion den Frieden der Seele suchen, den ihm die Freuden dieser Welt nicht haben verleihen können. Gib Du, daß sein ferneres Beispiel mehr Gutes erzeuge, als sein früheres Betragen und seine Schriften Böses erzeugten, und möge die Sonne der Rechtschaffenheit, die hoffentlich einst über ihm aufgehen wird, Heller strahlen und die Wolken verdunkeln, welche die Schuld jetzt um ihn gehäuft hat!" —

Hastings, 31. Juli 1814.

Lord Byrons Antwort.

Pisa, 8. Dezember 1821.

Sir, ich habe Ihren Brief erhalten. Ich brauche Ihnen nicht zu sagen, daß die Stelle, die Sie mir darin mitteilen, mich ergriffen hat, denn es zeugte wohl von einem Mangel jedes Gefühls, könnte ich sie mit Gleichgültigkeit gelesen haben.

Wenn ich auch nicht ganz sicher bin, daß die Schreiberin dabei an mich gedacht hat, so machen doch Ort und Zeit und manche anderen Umstände, die Sie erwähnen, es wahrscheinlich.

Für wen das Gebet aber auch bestimmt war, ich habe es mit dem ganzen Vergnügen gelesen, welches ein so trüber Gegenstand überhaupt gewähren kann. Ich sage „Vergnügen", denn man kann das kurze und einfache Bild, welches Sie von dem Leben und dem Wesen dieser Frau entwerfen, die Sie sicher einst wiedersehen werden, nicht betrachten, ohne die lebhafteste Bewunderung für ihre Tugenden und ihre reine ungeheuchelte Frömmigkeit zu fühlen. —

Unzweifelhaft haben diejenigen, die unerschütterlich an die heilige Schrift glauben, einen großen Vorteil vor allen Andern voraus; denn hat die Schrift innere Wahrheit, so werden sie im Jenseits ihre Belohnung bekommen, und wenn es kein Jenseits gibt, so teilen sie mit den ungläubigen Seelen den ewigen Schlaf, haben aber doch ihr ganzes Leben lang die Stütze einer freudigen Hoffnung gehabt. —

Der Glaube eines Mannes hängt aber nicht von seinem bloßen Willen ab. Wer kann sagen, ich will dies oder das glauben, und namentlich das, was er nicht begreift? Ich habe indessen die Beobachtung gemacht, daß solche, die anfangs strenggläubig waren, diesen Glauben in der Folge sehr eingeschränkt haben, wie z. B. Clarke (der als Arianer starb), Bayle und Gibbon (früher ein Katholik) und viele Andere, — während andrerseits auch nichts häufiger ist, als daß die frühen Zweifler später zu starken Gläubigen werden, wie Maupertuis und Henry Kirke White.

Ich wollte ja aber nur den Empfang Ihres

Briefes bestätigen, nicht eine Dissertation schreiben.

Ich bin Ihnen für Ihre wohlmeinende Absicht verbunden und noch mehr für die Stelle aus den Papieren des holden Wesens, dessen Eigenschaften Sie mit wenigen Worten so trefflich geschildert haben. Ich kann Ihnen die Versicherung geben, daß all der Ruhm, der je den Menschen ihren eigenen Wert klar gemacht hat, in meinem Herzen nichts wiegt gegenüber dem reinen und frommen Interesse, welches eine tugendhafte Seele an meinem Wohle nimmt. Ich möchte deshalb um das Gebet der Gestorbenen für mich gern den ganzen Ruhm eines Homer, Cäsar und Napoleon hingeben, wenn ein Sterblicher solche Fülle des Ruhmes überhaupt erlangen könnte. Lassen Sie mir wenigstens die Gerechtigkeit wiederfahren, daß ich „video meliora proboque", — mag das „deteriora sequor" auch noch so sehr Anwendung auf mein Leben finden.

Ich habe die Ehre, zu zeichnen als Ihr sehr verbundener und gehorsamer Diener

Byron.

Byron und Napoleon.

An Murray.   Pisa, 4. Dezember 1821.

Aus Stellen englischer Zeitungen, mitgeteilt in „Galignani's Messenger", ersehe ich, „daß die zwei größten Beispiele menschlicher Eitelkeit unseres Zeitalters sind: erstens der Exkaiser Napoleon und zweitens Seine Lordschaft, u.s.w. der edle Dichter", — damit bin ich nämlich gemeint, Ihr sehr ergebener Diener, — ich armes unschuldiges Ding.

Armer Napoleon! Er hatte sich wohl nicht träumen lassen, zu welchen erbärmlichen Vergleichen ihm das Glücksrad verhelfen würde! —

Byrons Familie.

An Murray, Pisa, 10. Dezember 1821.

Heute mit dem Glockenschlage Eins wird meine Tochter sechs Jahre alt. Ich möchte wissen, wann ich sie wohl wiedersehen werde, oder ob ich sie überhaupt noch einmal sehen werde![121]

Ich habe eine wunderbare Erscheinung beobachtet, die fast wie eine fatalistische Bestimmung aussieht.

Meine Mutter, meine Frau, meine Tochter, meine Schwester, die Mutter meiner Schwester, meine natürliche Tochter und ich sind alle einzige Kinder.

Mein Vater hatte aus seiner ersten Ehe mit Lady Conyers (auch einer einzigen Tochter) nur meine Schwester, und aus seiner zweiten Ehe mit

---

[121] Lord Byron hat seine Tochter nie wiedergesehen.

einem einzigen Kinde wieder ein einziges Kind. Lady Byron war, wie Sie wissen, auch ein einziges Kind, ebenso ist es meine Tochter etc. etc. — Ist das nicht seltsam? Aber die wildesten Tiere werfen auch nur wenige Junge, so die Löwen, Tiger und Elephanten.

Bei der Gelegenheit bitte ich Sie auch, mir das Miniaturbild meiner Tochter Ada zu schicken. Ich habe nur eine gedruckte Kopie davon und die gibt keinen rechten Begriff von ihrem Gesichte.

An Walter Scott.

Pisa, 12. Januar 1822.

Mein lieber Sir Walter,

Wie dankbar ich für Ihren Brief bin, brauche ich Ihnen wohl nicht zu sagen, aber ich sehe auch meine Undankbarkeit ein, Ihnen schon so lange nicht geschrieben zu haben. Seitdem ich England verlassen (ein euphemistischer Ausdruck für „Transportation"), habe ich an 500 Dummköpfe wegen geschäftlicher Angelegenheiten u. dgl. ohne Schwierigkeit, wenn auch ohne besonderes Vergnügen geschrieben, und wenn ich gleich in meinem Kopf mehr als hundertmal und in meinem Herzen stets den Entschluß faßte, an Sie zu schreiben, so habe ich doch nicht getan, was ich hätte tun sollen.

Ich kann mir das nur ebenso erklären, wie wir manchmal nur mit scheuer Ängstlichkeit einem schönen Weibe unseres eigenen Standes den Hof machen, während wir uns an ein frisches, rotwangiges Kammermädchen (ich spreche natürlich nur von früheren Zeiten) ohne sentimentale Gewissensbisse über unsere tugendhaften Absichten wagen.

Ich schulde Ihnen viel mehr als die landläufigen Verbindlichkeiten für die literarischen Freundschaftsdienste, denn Sie folgten Ihrem eigenen Drange, als Sie mir im Jahre 1817 einen Dienst leisteten, der damals nicht nur große Freundlichkeit, sondern auch Mut erforderte.[122] Eine so warme Teilnahme, wie ich sie damals bei Ihnen fand, würde mich zu jeder Zeit stolz gemacht haben; aber nun gerade zu einer Zeit, wo „die ganze Welt und mein Weib", wie man zu sagen pflegt, auf mir herumzutreten versuchten, war ein freundliches Wort aus Ihrem Munde noch eine festere Stütze für meine Selbstachtung. Ich meine damit die Kritik über meinen dritten Gesang des Childe Harold in der Quarterly Review, von der Murray mir schrieb, Sie seien der Verfasser, — und in der Tat, ich hätte es auch

---

[122]Walter Scott war einer der Wenigen, die sich nach der Katastrophe von Lord Byrons Ehe auf dessen Seite stellten.

ohne seine Miteilung gewußt, denn es war kein Zweiter, der zu jener Zeit einer solchen Handlung fähig war. Wäre es eine gewöhnliche beredte und lobende Kritik gewesen, so hätte ich wohl unzweifelhaft Vergnügen und Dankbarkeit gefühlt, aber doch nicht so lebhaft, wie Ihre außergewöhnliche Herzensgute jedes fühlende Herz damals ergreifen mußte.

Daß ich so lange damit gezögert habe, Ihnen meine Anerkennung dafür auszusprechen, wird Ihnen wenigstens den Beweis liefern, daß ich meine Schuld nicht vergessen habe, und ich kann Sie versichern, daß sich meine Dankbarkeit seit jener Zeit nur vermehrt hat.

Nur noch ein Wort über jene Angelegenheit. Ich denke, Sie, Jeffrey und Leigh Hunt waren die einzigen Männer der literarischen Welt, — und ich kannte eine große Zahl, einigen hatte ich sogar Dienste geleistet — die auch nur ein anonymes Wort zu meinen Gunsten damals zu sagen wagten, und von jenen Drei hatte ich den Einen nie gesehen und der Letzte war mir zu keinerlei Dank verpflichtet. Die beiden Ersteren hatte ich sogar bei einer früheren Gelegenheit[123] scharf angegriffen, den Einen allerdings in Folge eines Angriffs auf mich (Jeffrey), den Andern aber, Sie selbst, aus purem Leichtsinn.

Sie sehen also, Sie häufen feurige Kohlen auf

---

[123] In seinen „English Bards and Scotch Reviewers."

mein Haupt in der echten Manier des Evangeliums, und glauben Sie mir, sie brennen mir bis ins Herz hinein.

Ich freue mich, daß Sie meine Widmung angenommen haben. Ursprünglich wollte ich Ihnen die „Foskari" widmen, aber erstens sagte man mir, der Kain wäre als dichterisches Werk das am wenigsten schlechte von den beiden, und zweitens habe ich in einer Anmerkung zu den „Foskari" Southey wie einen Spitzbuben behandelt, erinnerte mich aber noch bei Zeiten, daß er einer Ihrer Freunde ist. —

Indessen soll der Laureatus[124] doch noch mit mir arg zu schaffen bekommen. Ich mag so einen kleinen Skandal gern, schon seit meiner Jugend war mir eine solenne Prügelei ein Hauptvergnügen, und ich kann sagen, diese Neigung ist am leichtesten zu befriedigen, leiblich wie poetisch.

Lord Byron und der Hofpoet Southey.

An Douglas Kinnaird.   Pisa, 6. Februar 1822.

Wir müssen einen Verleger für meine „Vision des jüngsten Gerichts" finden und wenn sich Keiner finden sollte, so lassen Sie 50 Exemplare auf meine Kosten drucken und unter meine Be-

---

[124] Southey war Poeta Laureatus, — dieselbe Würde, die jetzt Tennyson beneidet.

kannten verteilen, Sie werden dann bald sehen, wie die Buchhändler sie veröffentlichen, selbst wenn wir opponieren wollten. Daß sie jetzt Angst haben, ist natürlich, aber ich sehe nicht ein, wie ich darum etwa nachgeben sollte. Habe ich doch einmal gehört, daß ein Pfaffe in Kent gegen meinen Kain gepredigt hat. Derselbe Schrei des Entsetzens ertönte auch gegen Priestley, Hume, Gibbon, Voltaire und alle, die den brennenden Fragen näher ins Auge zu sehen wagten. Ich habe Southey's vermeintliche Replik[125] erhalten. Das Einzige, was ich tun kann, ist ihn herauszufordern. Die Frage ist nur, ob er sich stellen wird, — denn tut er das nicht, so erschiene die ganze Sache lächerlich, wenn ich eine so weite und kostspielige Reise umsonst gemacht hätte.

Sie müssen mein Sekundant sein und als solcher mir mit Ihrem Rat beistehen. Ich wende mich an Sie, weil Sie im Duell oder in der Monomachie wohl Bescheid wissen. Natürlich komme ich so heimlich wie ich kann nach England, und sollte ich der Überlebende sein, so verlasse ich es ebenso heimlich. Ich habe ja nichts, was mich in das Land bringen könnte, außer um Streitigkeiten beizulegen, die ich mir während meiner Abwesenheit zugezogen habe.

---

[125]Worin sich die berüchtigte Denunziation gegen Byron findet, er habe eine „satanische Schule" gegründet, — zu vergleichen etwa mit Menzels Denunziation gegen das „Junge Deutschland".

Rem!

An denselben.

Mit der letzten Post schickte ich Ihnen einen Brief über die Zollaffäre in Rochdale[126], von wo mir Geld in Aussicht steht. Meine Agenten sprechen von 2000 Pfund, aber angenommen, es wären nur 1000, oder meinethalben nur 100 Pfund, so ist es doch Geld und ich habe nun schon lange genug gelebt, um zu wissen, daß man der kleinsten Scheidemünze eines Landes eine außerordentliche Achtung schuldet und vor der kleinsten Summe Respekt haben muß, die uns selbst vielleicht entbehrlich erscheinen möchte, aber doch Anderen, die sie eher brauchen als ich, helfen kann. Es heißt zwar: „Wissen ist Macht," — so dachte ich früher auch, aber ich weiß jetzt, daß man damit das Geld meint, und wenn Sokrates gestand, daß sein ganzes Wissen nur darin gipfelte, daß er nichts wisse, so wollte er damit die einfache Wahrheit ausdrücken, daß er im Athenischen Staate keine Drachme sein eigen nennen konnte. Die Wechsel sind angekommen und gehen reißend ab. Indessen weiß ich doch, was Not tut, und bin vorsichtig, da ich über das Geld ebenso denke wie Sie und wie alle Menschen, die da erkannt haben, daß jede Guinee ein Stückchen vom „Stein der Weisen" ist

---

[126] Eine Besitzung des Dichters, reich an Kohleminen.

oder wenigstens der Prüfstein derselben. Sie werden mir um so eher glauben, wenn ich Ihnen sage, daß meine feste Überzeugung dahin geht: „Geld ist Tugend."[127] Aber zur Sache. Ich bin entschlossen, so viel Geld zusammen zu bringen wie möglich, — ob aus meinen Gütern, oder Erbschaften oder Prozessen oder Manuskripten oder sonst welchen gesetzlichen Quellen, ist mir gleichgültig. Alsdann will ich, wenn auch mit dem aufrichtigsten Widerstreben, meine noch übrig bleibenden Gläubiger bezahlen. — Vergessen Sie nicht, daß ich auch etwas Geld für die verschiedenen Manuskripte erwarte, — mir gleich wie viel, nur kurz und gut: „Rem quocunque modo, — Rem!" Das edle Gefühl der Habgier wächst mit zunehmendem Alter.[128]

Stets der Ihrige

Byron.

---

[127] Dies ist wohl eine ähnliche jokose Selbsttäuschung wie die Stelle im Don Juan, wo er den Geiz ein gentlemanlikes Laster nennt.

[128] Die hier zur Schau getragene „Habgier" erklärt sich sehr leicht durch den schon damals von Byron erwogenen Plan, seine Hilfe den Griechen anzubieten, wozu er alle seine Mittel aufbieten wollte.

Über Cain.

An Thomas Moore. Pisa, 19. u. 20. Februar 1822.

Aus England erhalte ich nur noch geschäftliche Mitteilungen einzig aus dem getreuen Ex- und Detraktor Galignani[129] erfahre ich, daß die Geistlichkeit gegen den Cain aufgebracht ist. Wenn ich mich nicht irre, so ist auf meinen Besitzungen in Wentworth eine sehr fette Pfründe zu vergeben und ich will den Leuten beweisen, was ich für ein guter Christ bin, indem ich als Patron bei Gelegenheit dem Frömmsten der Sippschaft die Stelle gebe.

— — So viel ich weiß, enthält mein Cain nicht ein Wort gegen die Unsterblichkeit der Seele. Ich habe auch keine dahin zielende Meinung, — aber in einem Drama muß ich doch den ersten Rebellen und den ersten Mörder ihren Charakteren gemäß schildern. Mittlerweile predigen alle Pfaffen von Kent und Oxford bis hin nach Pisa gegen das Stück, — diese Schurken von Priestern, welche die Religion mehr schädigen als alle Ungläubigen, die je ihren Katechismus vergaßen! — —

---

[129]Galignani's „Messenger" ist noch heute das größte auf dem Kontinent erscheinende englische Journal. Es enthält meist Auszüge aus englischen Zeitungen, daher „extractor", und seine damals toryistische Haltung erklärt den Titel „detractor".

Lord Byron und Thomas Moore.

An Thomas Moore. Pisa, 1. März 1822.

Der unparteiische Galignani bringt einen Auszug aus dem Blackwood-Magazine, in welchem es heißt, es gebe Leute, so die Entdeckung gemacht haben, daß Sie und ich keine Dichter seien. Was den Einen von uns anbetrifft, so weiß ich, daß diese nordwestliche Durchfahrt nach meinem magnetischen Nordpol von einigen Weisen schon längst entdeckt ist, und ich gönne denselben den vollen Genuß dieses Scharfsinns. Ich denke darüber wie Gibbon von seiner „Geschichte Roms"- „sie wird noch nach 100 Jahren den Gegenstand von Angriffen bilden", — wenn ich auch sonst weit entfernt bin, mich mit dem berühmten Historiker irgendwie zu vergleichen.

Was Sie aber anlangt, so hatte ich stets geglaubt, man würde Sie als Dichter gelten lassen, die Dummen wie die Neider, — als einen schlechten Dichter natürlich, unmoralisch, üppig, asiatisch und schändlich berühmt, — aber doch immer als einen Dichter.

Diese jüngste Entdeckung hat deshalb für mich den ganzen Reiz der Neuheit und tröstet mich auch mit dem Gedanken, daß ich in so guter Gesellschaft für keinen Dichter gehalten werde. Ich bin's zufrieden, „mit Plato zu irren", und kann Ihnen die aufrichtige Versicherung geben, daß ich es vorziehe, mit Ihnen zusammen für keinen Dichter gehalten zu werden, als mit der ganzen Seeschule[130] zusammen (deren Mitglieder Gott sei Dank noch nicht gekrönt sind) als Dichter zu gelten. —

Der Dichter und die Welt.

An Thomas Moore. Pisa, 4. März 1822.

Bezüglich der Religion werde ich Sie wohl niemals überzeugen können, daß ich doch nicht dieselben Ansichten habe wie die Personen in dem Drama, welches alle Welt erschreckt zu haben scheint. Die sind aber noch gar nichts gegen die Ausdrücke in Goethe's Faust, welche zehnmal stärker sind, — und nicht um ein Titelchen kühner als die Worte von Miltons Satan. Meine dramatischen Helden mögen mit mir manchmal durchgehen: wie alle Männer mit lebhafter Einbildung identifiziere ich mich natürlich mit meinen Charakteren, während ich sie zeichne, aber nicht einen Augenblick länger!

Ich bin kein Gegner der Religion, im Gegenteil, ich lasse meine natürliche Tochter als strenge Katholikin in einem Kloster der Romagna

---

[130]Die „Seeschule" (Lakists) nannte sich eine von Wordsworth, Coleridge u. A. vertretene zahm-realistische Richtung der englischen Literatur.

erziehen; denn wenn man einmal Religion haben muß, so kann man meiner Ansicht nach nicht genüge Religion haben. Ich selbst neige mich sehr den katholischen Lehren zu; wenn ich aber ein Drama schreibe, so muß ich meine Personen dem Gegenstande angemessen sprechen lassen.

Was den armen Shelley anbetrifft, der für Sie und in den Augen der Welt ein zweiter Werwolf ist, so ist er, soweit ich ihn kenne, der uneigennützigste und freundlichste Mensch, der für Andere mehr Opfer an Gefühl wie an Geld gebracht hat, als ich dies je für möglich gehalten. Mit seinen philosophischen Überzeugungen habe ich nichts zu schaffen, habe auch keinen Wunsch darnach.

Die Wahrheit ist die, mein lieber Moore, — Sie leben zu nahe dem Glühofen der „Gesellschaft" und sind unvermeidlich ein Opfer seiner Hitze und seiner Dünste. Mir ging es einst ebenso und noch ärger, und das hat ausgereicht, meinem ganzen Leben eine gewisse Farbe aufzudrücken. Da ich keine kleinen Triumphe in der Gesellschaft erntete, so bin ich höchstens ein nachsichtiger Richter derselben und selbst als solcher muß ich doch gestehen, daß ihr Einfluß verderblich ist für jede große geistige Tat.

Ich habe der Gesellschaft nie geschmeichelt, selbst nicht als ich jung und einer ihrer begünstigten Lieblinge war; warum sollte ich mich ihr also jetzt fügen, wo ich in einer reineren Luft atme? Nur Eines könnte mich wieder zu ihr zurückführen, nämlich der Versuch, etwas Gutes in der Politik zu erreichen, aber nicht in der jämmerlichen, kleinlichen Politik, die jetzt unser armes Land schindet.

Indessen hoffe ich, Sie werden mich nicht mißverstehen. So lange Sie Ihre eigene Ansicht aussprechen, werde ich ihr immer das aufmerksamste Gehör schenken, wenn Sie aber nur das Echo der „Welt" wiederholen (und es mag schwer sein, das nicht zu tun, wenn man mitten in ihr und in ihrer Gunst lebt), so würde ich bedauern, jemals einem Ihrer Worte nicht die gewohnte Beobachtung schenken zu können.

Aber ich plaudere schon zu lange. Die Götter mögen Sie begleiten und Ihnen so viel Unsterblichkeit gönnen, wie Sie jetzt und sonst nötig haben.

Unsterblichkeit der Seele.

An Thomas Moore. Pisa, 6. März 1822.

In Ihrem letzten Briefe, in dem Sie von Shelley sprechen, sagen Sie, daß Sie den „Alles verdammenden Fanatiker" fast dem „alles verneinenden Ungläubigen" vorziehen. Shelley glaubt nebenbei gesagt an die Unsterblichkeit. Erinnern Sie sich vielleicht einer Antwort, die Friedrich

Allegra's Tod.

An Shelley.   Pisa, 23. April 1822.

Der Schlag war überwältigend und unerwartet, denn ich dachte, die Gefahr wäre vorbei, da zwischen der letzten Nachricht von einer eingetretenen Besserung und der Nachricht von ihrem Tode eine ziemliche Zeit verstrich. Aber ich habe den Schlag, so gut ich konnte, ertragen und insofern mit Erfolg, als ich an mein gewöhnliches Tagewerk äußerlich ruhig wie zuvor, ja noch ruhiger gehen kann. Ich wüßte nichts, was Sie jetzt noch abhalten könnte, morgen zu mir zu kommen; heute aber und vielleicht auch gestern Abend war es doch besser, daß Sie nicht gekommen sind. Ich glaube nicht, daß ich mir Vorwürfe zu machen habe wegen meines Verfahrens mit dem Kinde, ganz sicherlich nicht wegen meiner Gefühle und Absichten für die nun Dahingeschiedene. Aber es kommt doch manchmal ein Augenblick, wo wir uns sagen, das Schlimmste hätte vermieden werden können, wenn dies oder das geschehen wäre, — obgleich uns doch jeder Tag und jede Stunde lehrt, daß solche Ereignisse zu den natürlichen und unabänderlichen gehören. Ich hoffe, die Zeit wird an mir ihr Werk tun, der Tod hat das seine getan!

Immer der Ihrige

Noel Byron

Allegra's Begräbnis.

An Murray. Montenero bei Leghorn, 26. Mai 1828.

Die Leiche ist eingeschifft, auf welchem Schiff weiß ich nicht und konnte mich auch nicht um die Einzelheiten kümmern. Die Gräfin Guiccioli hat die Güte gehabt, die nötigen Anordnungen zu treffen. — Ich wünsche, daß sie in Harrow begraben werde.

Ich kenne dort eine Stelle auf dem Friedhofe dicht beim Fußsteig, auf einem Hügel, der nach Windsor zu liegt; dort ist ein Grab unter einem breiten Baum mit der Inschrift Peachie oder so ähnlich, — ich saß als Knabe dort stunden- und stundenlang. Dies war mein Lieblingsplätzchen.

Da ich aber eine Tafel zum Andenken an sie errichten lassen will, so ist es wohl besser, wenn die Leiche in der Kirche beigesetzt wird. Dicht an der Tür links vom Eingang steht ein Monument mit vier Versen, deren ich mich jetzt nach 17 Jahren noch erinnere, nicht weil sie irgendetwas Besonderes waren, sondern weil ich von meinem Platz auf der Galerie gewöhnlich die Augen auf dies Monument gerichtet hatte. So nahe wie möglich jener Stelle wünsche ich Allegra begraben zu wissen und an der Wand möge man eine Marmortafel aufhängen mit

Zum Andenken an
Allegra,
Tochter von Lord G. G. Byron,
gestorben in Bagna-Cavallo in Italien
am 20. April 1822,
im Alter von 5 Jahren und 3 Monaten.

„Ich werde zu ihr gehen, aber sie
wird nicht zu mir zurückkehren!"
2. Samuelis, XII, 23.

Das Leichenbegängnis sei so einfach, wie es der Anstand zuläßt, und ich hoffe, Henry Drury[131], wird den Gottesdienst abhalten. Sollte er es ablehnen, so kann es der betreffende Geistliche des Ortes tun. — Ich wüßte nicht, was ich sonst noch hinzuzufügen hätte. — —

Ruhm in Amerika und Deutschland.

(Fortsetzung des vorigen Briefes.)

Nach meiner Ankunft hier im Hafen wurde ich von dem Amerikanischen Geschwader eingeladen, dessen Schiffe zu besuchen, und man empfing mich dort mit aller erdenklichen Liebenswürdigkeit und mit mehr Feierlichkeit, als mir lieb war. Es war auch eine Anzahl Amerikanischer Herren und einige Damen an Bord. Als ich

---

[131] Lord Byrons Lehrer in Harrow.

Abschied nahm, bat mich eine der Amerikanerinnen um eine Rose, die ich trug, um sie, wie sie sagte, als ein Andenken an den Träger nach Amerika zu schicken. Ich brauche wohl nicht zu sagen, wie tief ich diese Schmeichelei empfand. Der Kapitain zeigte mir eine Amerikanische sehr niedliche Ausgabe meiner Werke und bot mir freie Überfahrt nach den Vereinigten Staaten an. Kommodore Jones war nicht weniger liebenswürdig und aufmerksam.

Später habe ich den Brief, den ich Ihnen anbei sende, erhalten, worin mich mehrere Amerikaner bitten, für mein Bild zu sitzen. Es ist seltsam, daß in dem nämlichen Jahre, in dem Lady Noël eine testamentarische Bestimmung trifft[132], worin sie meiner Tochter verbietet, für eine Reihe von Jahren ihres Vaters Bild zu sehen, — die Söhne einer Nation, die nicht gerade durch ihre Vorliebe für die Engländer sich sehr auszeichnet, mich bitten für mein Porträt zu sitzen.

Ich höre auch von großen literarischen Ehren, die man mir in Deutschland erzeigt. Man erzählt mir, Goethe sei mein ausgesprochener Patron und Protektor. In Leipzig wurde in diesem Jahre der höchste Preis auf eine Übersetzung von zwei Gesängen des Childe Harold gesetzt. Ich bin

---

[132] Zu Anfang des Jahres 1822 starb des Dichters Schwiegermutter und ihrer letztwilligen Bestimmung gemäß wurde das Bild Byrons verhängt, um seiner Tochter den Anblick ihres Vaters zu entziehen.

nicht sicher, daß dies in Leipzig geschah, aber ein Herr Rowcroft ist mein Gewährsmann, der die deutsche Sprache fleißig studiert und Goethe persönlich kennt.

Goethe und die Deutschen sind ganz besondere Freunde des Don Juan, welchen sie eben nur als ein Kunstwerk beurteilen. Baron Lutzerode hatte mir hierüber schon manches erzählt. Einzelne meiner Werke sind vielfach übersetzt worden und Goethe hat Vergleiche zwischen Faust und Manfred angestellt.

Dies Alles ist ein kleiner Trost für eure angeborne englische Brutalität, die sich in diesem Jahre wieder einmal so herrlich offenbart hat![133] —

Leichte Produktion.

An Murray. Montenero bei Leghorn, 6. Juni 1822.

Was meinen die Kritiker, wenn sie von „ausgearbeitet" sprechen? Sie wissen doch, daß meine Werke so schnell entstanden, wie meine Feder nur schreiben wollte, und daß der Druck nach dem ersten Manuskript erfolgte und ich erst in den Probebogen die Revision besorgte. Sind Fehler da, so kommen die von der Nachlässigkeit und nicht vom Fleiß. Die Leute sagten ganz das-

---

[133] In dem pfäffischen Wüten gegen den Cain.

selbe über den Lara, den ich schrieb, während ich mich, von Bällen und Maskeraden heimgekommen, auskleidete, — das war im lustigen Jahre 1814! —

Die „Vision".

An Murray. 6. Juni 1822.

Sie haben mir bis heute noch nicht das Mindeste über Ihre Entschließungen betreffs der „Vision" mitgeteilt,[134] — einer meiner besten Schöpfungen. In der Tat Sie werden seit einiger Zeit so konfus und unentschlossen, daß ich vermute, Sie wünschen, ich schriebe ein Buch „John Murray, Esquire, — ein Mysterium", — wenigstens würden die Pfaffen nichts dagegen einzuwenden finden. Ich will natürlich nicht, daß Sie etwas unternehmen, was Ihnen nicht gefällt, — aber so schreiben Sie mir doch wenigstens, wie Sie darüber gesonnen sind. Die „Vision" muß einen Verleger finden!

Was den Skandal anlangt, — der Würfel ist einmal geworfen, und ob Einer oder Alle gegen mich, wir fechten es aus, — wenigstens Einer von uns!

---

[134] Es wurde Byron schwer, für seine strafende Satire gegen Southey einen mutigen Verleger zu finden.

Ansiedlungspläne in Süd-Amerika.

An Mr. Ellice.Montenero, 12. Juni 1822.

Lange genug habe ich nicht an Sie geschrieben, aber ich habe doch Ihre Freundlichkeit nie vergessen und werde dieselbe jetzt auf die Probe stellen — nicht auf eine zu schwierige. Fürchten Sie aber nichts, ich will mir kein Geld von Ihnen borgen, sondern Sie nur um eine Auskunft ersuchen. Niemand kann mehr Gelegenheit haben als Sie vermöge Ihrer zahlreichen Verbindungen, die wirklichen Zustände in Süd-Amerika zu kennen, ich meine Bolivars Land, Ich habe schon seit mehreren Jahren transatlantische Ansiedelungspläne gehabt, und meine Bitte geht jetzt dahin, von Ihnen die beste Reiseroute zu erfahren und einige Empfehlungsbriefe zu erhalten, falls ich nach Angostura gehen möchte.

Man sagt mir, das Land sei dort sehr billig; wenn ich nun auch nicht viel überflüssiges Geld habe zu solchen Landerwerbungen, so genügt doch mein Einkommen, um in jedem Lande (England ausgenommen) mit Bequemlichkeit, ja selbst mit einem gewissen Luxus zu leben.

Der Krieg ist dort vorüber, und da ich nicht hingehe, um zu spekulieren, sondern mich einfach niederlassen will ohne jede andere Absicht, als meine Unabhängigkeit und den Schutz der Gesetze zu genießen, so wird meine Ankunft hoffentlich dort nicht unwillkommen sein.

Alles, was ich zu hören wünsche, ist nicht eine Ermutigung oder Entmutigung, sondern die reine ungeschminkte Schilderung der dortigen Zustände. Ich wende mich nicht an meine sonstigen Freunde, da die mir nur Hindernisse in den Weg werfen und mich quälen würden, nach England zurückzukehren. Das will ich aber nie tun, es müßten denn ganz dringende Umstände meine Anwesenheit dort erheischen. —

Fortsetzung des Don Juan.

An Murray. Pisa, 8. Juli 1822.

Es ist nicht unmöglich, daß ich im Herbst oder etwas später oder vier Gesänge des Don Juan fertig habe, da ich von meiner Diktatrice eine Erlaubnis; erhalten habe, ihn fortzusetzen, — aber immer nur unter der Voraussetzung, daß die ferneren Gesänge etwas sittenreiner und gefühlvoller gehalten seien als der Anfang. Wie weit ich diese Bedingungen in der Folge erfüllen kann, wird die Zukunft lehren, — aber nur unter der genannten Bedingung habe ich die Erlaubnis erhalten können. —

Lord Byron, der Wohltäter.

An Murray. Genua, 9. Oktober 1822.

Trotz alledem glaube ich doch, daß Sie im Grunde des Herzens ein guter Kerl sind, und in dieser Voraussetzung schreibe ich Ihnen betreffs eines armen Frauenzimmers Namens Frau Jossy, die, wie sie sagt, eine Ihrer Schriftstellerinnen ist. Sie hat im Jahre 1816 ein Buch über die Schweiz geschrieben unter der Protektion des Hofes und des Herrn Colonel Mac Mahon. Es scheint aber, daß weder der Hof noch der Herr Colonel Mac Mahon den gewaltigen Preis von drei Pfund dreizehn Schillingen und sechs Pence bestreiten konnten, der das Publikum auch ängstlich machte, kurz das Buch wurde vergessen, und was schlimmer ist, ihr Mann wurde auch vergessen, d.h. er starb, und sie schreibt nun an mich mit der Leiche ihres Mannes vor ihr. Anstatt sich nun aber an den Herrn Bischof oder an Herrn Wilberforce zu wenden, nimmt sie ihre Zuflucht zu dieser proskribierten, atheistischen, syllogistischen Person, — nämlich zu meiner Wenigkeit. Es ist wunderbar genug, aber diese schurkischen Engländer, die mich nach jeder Richtung hin verleumden, kommen in jeder großen Not zu mir gelaufen. Dies ist nur so ein Beispiel, aber ich habe wohl tausend dergleichen Briefe gehabt, und soweit es in meinen Kräften stand, habe ich versucht, Böses mit Gutem zu vergelten und mir für ein paar Schillinge ewige Seligkeit zu erkaufen, solange meine Taschen es aushalten.

Kann die literarische Stiftung nicht etwas für sie tun? Und wenn auch nur durch Ihren Einfluß, der bei den Frommen im Lande groß ist, so könnte doch immerhin etwas gesammelt werden. Können Sie nicht eins ihrer Bücher veröffentlichen? Gesetzt, Sie nehmen sie als Autor an meiner Stelle, die jetzt frei ist; sie ist eine moralische und fromme Seele und ihre Bücher werden im Bücherlager leuchten. — Aber allen Ernstes, tun Sie für die Ärmste, was Sie können.

Ada's Geburtstag.

An Murray, Genua, 9. Dezember 1822.

Hoffentlich haben Sie einen milderen Winter, als wir hier. Wir haben furchtbare Überschwemmungen gehabt und der Blitz hat den Blitzableiter an meinem Hause getroffen. Ich war dem Fenster gerade so nahe, daß ich wie geblendet ward und meine Augen mehrere Minuten lang mir den Dienst versagten. Jeder im Hause fühlte einen elektrischen Schlag. Madame Guiccioli war nicht wenig ängstlich, wie Sie wohl denken können.

Ich habe nachher darüber nachgedacht, wie eure bigoten Seelen mit ihren Urteilen auf mir herumgeritten wären, wenn mir etwas Ernstliches passirt wäre. Diese Burschen vergessen bei ihrem Christentum stets Christus und was er sagte, als der Turm von Siloam einstürzte!

Heute ist der 9. Dezember und morgen ist der Geburtstag der mir noch gebliebenen Tochter, Ich habe als einen Geburtstagsschmaus mir zu morgen Hammelkoteletts und eine Flasche Ale bestellt. Sie ist jetzt sieben Jahre alt.

Habe ich Ihnen übrigens erzählt, daß ich an dem Tage, wo ich großjährig wurde, ein großes Diner mit Eiern, Speck und einer Flasche Ale veranstaltete? An großen Festlichkeiten sind das meine Lieblingsspeisen und -Getränke, da ich aber beides nicht vertragen kann, so gönne ich sie mir nur an großen Freudentagen, alle vier oder fünf Jahre einmal.

Don Juan.

An Murray. Genua, 25. Dezember 1822.

Was der Verfasser der Journalkritik von Don Juan sagt, ist hart, aber unvermeidlich. Er muß dem Strome einer übermächtigen Partei folgen, oder kann sich doch ihm nicht ganz entgegenstemmen. Man wird doch nach und nach erkennen, was der Don Juan wirklich ist, eine Satire auf die Auswüchse der jetzigen gesellschaftlichen Verhältnisse, nicht aber eine Verherrlichung des Lasters. Hin und wieder mag er frivol werden, — ich kann das nicht ändern. Ariosto ist schlimmer, Smollett (siehe den zweiten Band von Roderick Random) zehn Mal schlimmer, und Fielding nicht besser. Nie wird ein Mädchen durch die Lektüre des Don Juan verdorben werden, nein und abermals nein, — wenn es das werden will, so muß es sich an Little's[135] Gedichte und Rousseau's Romane wenden, und selbst an die fleckenreine de Staël. Daraus kann es sich Verderbtheit genug aneignen, aber nicht aus dem Don Juan, der über dergleichen und noch vieles Andere höchstens lacht. Aber nur keine Angst, —ça ira!

Lord Byron über seine Lahmheit.

An Thomas Moore.   Genua, 2. April 1823.

Neulich habe ich den jungen Henry F..., den Sohn von Lord H... gesehen. — Ich habe stets gefunden, daß ich diejenigen, die ich am längsten und innigsten lieb gehabt habe, gleich beim ersten Anblick liebgewann. Und diesen Knaben mochte ich stets gern, — zum Teil vielleicht,

---

[135] Thomas Moore's nom de plume, unter dem er seine ziemlich frivolen ersten Gedichte und Umdichtungen des Anakreon herausgab.

weil er mir in einer weniger erfreulichen Seite unseres Geschickes ähnlich ist, ich meine, um jedem Mißverständnis vorzubeugen, seine Lahmheit. Zwischen ihm und mir ist aber der Unterschied, daß er aussieht wie ein lahmer Engel, der sich an einem Stern gestoßen hat, während ich der Diable boiteux bin,— wobei ich mich übrigens wundere, daß die Herren Orthodoxen unter andern nominis umbrae noch nicht auf diesen Spitznamen für mich gekommen sind.

Die Abfahrt nach Griechenland.

I.
Goethe's Gruß an Lord Byron.

Ein freundlich Wort kommt eines nach dem andern
Vom Süden her und bringt uns frohe Stunden;
Es ruft uns auf, zum Edelsten zu wandern, —
Nicht ist der Geist, doch ist der Fuß gebunden.
Wie soll ich dem, den ich so lang begleitet,
Nun etwas Traulichs in die Ferne sagen?
Ihm, der sich selbst im Innersten bestreitet,
Stark angewohnt, das tiefste Weh zu tragen.
Wohl sei ihm doch, wenn er sich selbst empfindet!
Er wage selbst, sich hochbeglückt zu nennen,
Wenn Musenkraft die Schmerzen überwindet,
Und wie ich ihn erkannt, mög' er sich kennen!
Goethe.

II.
Lord Byrons Antwort.

Leghorn, 24. Juli 1823.

Illustrious Sir!
Ich kann Ihnen nicht so danken, wie ich sollte, für die Zeilen, die mein junger Freund Herr Sterling mir von Ihnen überbracht hat, und es stände mir übel an, wollte ich Verse mit Dem tauschen, der seit fünfzig Jahren der unbestrittene Fürst der europäischen Literatur ist. Empfangen Sie deshalb meinen aufrichtigsten Dank in Prosa und noch dazu in hastiger Prosa, denn ich bin eben im Begriff, eine zweite Reise nach Griechenland anzutreten, und um mich herum ist ein Lärm und ein Eilen, daß selbst Dankbarkeit und Bewunderung vergebens einen Augenblick suchen, um sich Ausdruck geben zu können.

Von Genua kam ich vor einigen Tagen, durch einen Sturm verschlagen, nach Leghorn und empfing heute früh mehrere Griechen, die mit mir nach ihrem ringenden Vaterlande segeln wollen.

Hier fand ich auch Ihre Zeilen und Herrn Sterlings Brief, und kein günstigeres Omen, keine angenehmere Überraschung konnte mir werden, als ein Wort von Goethe's eigener Hand!

Ich kehre nach Griechenland zurück, um zu sehen, ob ich dort irgendwie helfen kann; sollte ich jemals zurückkommen, so werde ich Weimar

besuchen, um Ihnen die Huldigung eines der Millionen Ihrer Bewunderer darzubringen.
Ich habe die Ehre, mich zu nennen
Ihren stets ergebenen
                        Noel Byron.

Yussuf Pascha.

                Missolonghi, 23. Januar 1824.
Hoheit!
Ein Schiff, auf dem einer meiner Freunde [136] und mehrere Diener sich befanden, wurde vor einigen Tagen von Ihnen aufgehalten, aber auf Ew. Hoheit Befehl wieder freigegeben. Ich spreche Ihnen jetzt meinen Dank aus, nicht weil Sie das Fahrzeug freigegeben haben, welches unter neutraler Flagge segelnd den Schutz der Englischen Regierung genoß und so von Keinem aufgehalten werden durfte, — aber dafür, daß Sie meine Freunde, die sich in Ihren Händen befanden, mit so großer Liebenswürdigkeit behandelten.

In der Hoffnung, Ew. Hoheit werden mit mir nicht unzufrieden sein, habe ich den Befehlshaber dieser Festung gebeten, vier türkische Gefangene freizulassen und er hat das in humanster Weise getan. Ich will deshalb keine Zeit verlieren und schicke die Gefangenen zurück, um Ih-

---

[136] Graf Pietro Gamba, der Bruder der Gräfin Guiccioli, welcher Lord Byron nach Griechenland gefolgt war.

nen so für den jüngst mir geleisteten Dienst mich dankbar zu erweisen.

Diese Gefangenen sind bedingungslos freigelassen worden. Sollten Sie sich dessen später einmal erinnern, so bitte ich Eure Hoheit, auch in Zukunft die griechischen Gefangenen, die in Ihre Hände fallen, mit Menschlichkeit zu behandeln, — um so mehr, da die Schrecken des Krieges an sich schon groß genug sind, ohne sie noch durch überflüssige Grausamkeit von beiden Seiten zu erhöhen.

Noel Byron.

Für die Freiheit Griechenlands.

An Londo.[137]   Missolonghi, Januar 1824.

Mein lieber Freund!

Der Anblick Ihrer Handschrift hat mir das lebhafteste Vergnügen gemacht. Griechenland war von jeher für mich — wie für jeden fühlenden und gebildeten Menschen — das gelobte Land des Ruhms, der Künste und der Freiheit, und die Zeit, die verflossen ist seit den Tagen, wo ich als Jüngling zwischen seinen Ruinen gewandelt bin, hat meine Liebe für die Geburtsstätte so vieler Helden nicht erkalten lassen. Außerdem bin ich

---

[137] Ein patriotischer Grieche aus der Morea, dessen Bekanntschaft Byron schon bei seiner ersten Reise durch Griechenland gemacht hatte.

Ihnen aber auch durch die Bande der Freundschaft und der Dankbarkeit für Ihre Gastfreundschaft zugetan, welche Sie mir während meines ersten Aufenthaltes in diesem Lande erwiesen, dem sie jetzo eine Zierde und ein tapferer Verteidiger geworden sind. Mich selbst an Ihrer Seite und unter Ihren Augen für die Freiheit Griechenlands kämpfend zu wissen, wird mir stets das glücklichste Gefühl meines Lebens sein. Inzwischen mit der Hoffnung auf baldiges Wiedersehen, bin ich wie immer

Ihr Freund

Noel Byron.

Humanität im Kriege.

An Murray.   Missolonghi, 25. Februar 1824.

Ich habe von den Griechen die Freilassung von achtundzwanzig türkischen Gefangenen erbeten und erhalten, — Männer, Weiber und Kinder, und habe sie auf meine Kosten nach Patras und Prevesa geschickt. Ein kleines Mädchen von neun Jahren, die es vorzieht, bei mir zu bleiben, werde ich, wenn ich am Leben bleibe, mitsamt ihrer Mutter, wahrscheinlich nach Italien oder nach England schicken. Ihr Name ist Hato oder Hatagee. Sie ist ein sehr hübsches, lebhaftes Kind. Alle ihre Brüder wurden von den Griechen getötet und sie und ihre Mutter nur durch einen besonders gnädigen Zufall verschont, — sie war damals erst fünf oder sechs Jahre alt.

Proklamation der Provisorischen Regierung von Westgriechenland nach Lord Byrons Tode.

Der heutige Tag der Freude und Festlichkeit ist ein Tag der Sorge und der Trauer geworden. Lord Noel Byron schied aus diesem Leben gestern Abend um sechs Uhr nach einer Krankheit von zehn Tagen, ein hitziges Fieber führte seinen Tod herbei. Die Wirkung der Krankheit Seiner Lordschaft auf die öffentliche Stimmung war so groß, daß alle Stände die Osterlustbarkeiten vergessen hatten, noch ehe das traurige Ereignis eintrat.

Der Verlust des berühmten Mannes ist unzweifelhaft ein Gegenstand der Klage für ganz Griechenland, — um wie viel mehr für Missolonghi, wo sein Edelmut sich so herrlich offenbarte, wo er Bürgerrecht erworben hatte und fest entschlossen war, an allen Gefahren des Krieges Teil zu nehmen.

Jedermann weiß, wie wohltätig seine Lordschaft gewirkt, und sein Name wird stets mit dem Rufe begrüßt werden, „unser Wohltäter"!

Vorbehaltlich nunmehr der endgültigen Bestimmungen der Nationalregierung und kraft der

Gewalt, mit der dieselbe mich bekleidet hat, verordne ich hiermit:

Erstens: Morgen bei Tagesanbruch feuert die große Batterie siebenunddreißig Schüsse von Minute zu Minute ab, gleich der Zahl der Lebensjahre des großen Toten.

Zweitens: Alle Behörden, selbst die Gerichte, bleiben an drei aufeinanderfolgenden Tagen geschlossen.

Drittens: Alle Verkaufsladen mit Ausnahme derer für Lebensmittel und Arzeneien bleiben ebenfalls geschlossen, und wir befehlen aufs Strengste, daß jede öffentliche Lustbarkeit und jede Festlichkeit während der Ostern unterbleibt.

Viertens: Es tritt eine allgemeine Trauer von 21 Tagen ein.

Fünftens: Gebete und Totengottesdienst haben in allen Kirchen stattzufinden.

Fürst Alexander Maurokordatos.

Gegeben zu Missolonghi, am 19. April (Ostermorgen) 1824.

Ein griechisches Lied auf Lord Byrons Tod.

Von einem Unbekannten.

Auf den in Griechenland gestorbenen Dichter:

Nicht verleihet den Ruhm des Lebens endlose Länge,
Nicht die Taten, die einst tapfer die Ahnen vollbracht,

Nein, den kränzet das Schicksal mit unvergänglichem Ruhme,
Der das Beste gewagt um ein unsterbliches Ziel.
Jetzo ruhest Du, Kind, Du Frühling des holden Gesanges,
Nicht mehr blühet der Kranz duftiger Knospen des Lieds,

—

Aber um Dich, den Sänger, voll Trauer weinen Athene,
Freiheit und Vaterland, Musen und Hellas und Mars.

Nachgelassene Tagebuchblätter.

Neulich habe ich einmal über die verschiedenen Vergleiche, gute und schlechte, in englischen und fremden Zeitungen nachgedacht, denen ich zum Gegenstande gedient habe.

Also ich habe mich als Mensch oder als Dichter verglichen gesehen mit: Rousseau, Goethe, Young, Aretino, Timon von Athen, Dante, Petrarca, mit einer von innen erhellten Alabastervase!, mit Satan, Shakespeare, Bonaparte, Tiberius, Aeschylus, Sophokles, Euripides, mit Harlekin, Clown, mit einer Phantasmagorie, mit Heinrich dem Achten, Chenier Mirabeau, Michel Angelo, Raphael, mit einem petit-maître, mit Diogenes, Childe Harold, Lara, dem Grafen im Beppo, mit Milton, Pope, Dryden, Burns, Savage Landor, Chatterton, mit „Oft hörte ich von Dir, my Lord

Biron" im Shakespeare[138], mit Churchill, mit dem Schauspieler Kean, mit Alfieri — etc. etc. etc.

Der Gegenstand so vieler sich widersprechender Vergleiche muß notwendig etwas von alledem ganz Verschiedenes sein; was er aber ist, ist mehr, als ich oder sonst Jemand weiß.

Könnte ich mein Leben noch einmal beginnen, ich wüßte nicht, womit ich es vertauschen möchte, außer damit — gar nicht geboren zu sein! Die ganze Geschichte, die eigene Erfahrung und was nicht noch Alles lehren uns, daß das Gute und Schlechte mindestens gleichmäßig in diesem Leben verteilt sind und daß das Begehrenswerteste ist, es möglichst bequem zu verlassen. Was kann uns das Leben anderes gewähren als Jahre, und diese haben auch nichts Gutes als ihr Ende.

An der Unsterblichkeit der Seele, dünkt mich, kann man nicht leicht zweifeln, wir brauchen nur einen Augenblick auf die Tätigkeit unserer Seele zu achten, sie ist in rastloser Bewegung. Ich pflegte früher zu zweifeln, aber Nachdenken hat mich eines Bessern belehrt. Die Seele ist unabhängig vom Körper tätig — z. B. im Traume —, unzusammenhängend und verrückt genug freilich, das gebe ich zu, aber es ist doch Seele — und oft mehr Seele, als wenn wir wach sind.

---

[138] Im „König Johann" findet sich obiger Vers, in welchem ein Vorfahr des Dichters genannt wird.

Daß sie nun nicht auch ganz vom Körper getrennt eben so gut wirken soll wie in Verbindung mit ihm, wer kann das behaupten? Die Stoiker, Epiktet und Marc Aurel nennen unsern Zustand auf Erden „eine Seele, die einen Leichnam mit sich schleppt", — eine schwere Kette, das steht fest, aber alle Ketten, wenn sie nur körperliche sind, können abgestreift werden.

Inwieweit unser zukünftiges Leben ein persönliches sein wird oder vielmehr inwieweit es unserm jetzigen Leben ähnlich sein mag, ist eine andere Frage; aber daß die Seele ewig ist, scheint mir so wahrscheinlich, wie daß der Körper es nicht ist.

Eine körperliche Auferstehung erscheint mir seltsam und sogar absurd, außer zum Zwecke der Bestrafung. Jede Bestrafung aber, die mehr auf die Vergeltung als auf die Besserung gerichtet ist, muß moralisch verwerflich sein, und wenn die Welt ein Ende nimmt, was für moralische oder bessernde Zwecke können dann noch die ewigen Höllenqualen erfüllen? Menschliche Leidenschaft hat hier wahrscheinlich die göttliche Lehre entstellt, aber die ganze Frage ist unergründlich.

Es ist nutzlos, mir zu befehlen, nicht zu untersuchen, sondern zu glauben. Ebenso gut könnte man einem Menschen gebieten, nicht zu wachen, sondern zu schlafen. Und dann diese Schreckschüsse mit Höllenstrafen[139] und dergleichen! Ich kann mich des Gedankens nicht verwehren, daß die Drohungen mit der Hölle ebensoviel Teufel erzeugen, als die strengen Strafgesetzbücher der unmenschtichen Menschheit Verbrecher machen.

Der Mensch wird mit vielen körperlichen Leidenschaften geboren, aber auch mit einem anerschaffnen, wenn auch geheimen Triebe in seines Herzens Grunde, das Gute zu lieben. Aber Gott sei uns Allen gnädig, wir sind doch jetzt eine ungemütliche Kombination von Atomen!

Ach habe mich oft dem Materialismus in der Philosophie zugeneigt, konnte aber niemals seine Anwendung auf das Christentum leiden, da dies mir wesentlich auf dem Dasein der Seele zu beruhen scheint. Aus diesem Grunde hat mich Priestley's „christlicher Materialismus" immer schmerzlich verletzt. Glaubt immerhin an die Auferstehung des Fleisches, aber nicht ohne eine Seele. Es müßte doch mit dem Teufel zugehen, wenn wir in dieser Welt erst eine Seele gehabt hätten (denn das ist doch nun einmal der Geist, oder wie man es auch sonst nennen mag), — und wir in der andern Welt ohne sie existieren müßten, wäre es selbst mit einer unsterblichen Materie. Ich bekenne meine Vorliebe für das Geistige. Am Religiösesten bin ich immer gestimmt an

---

[139]Die englische Hochkirche lehrt den Glauben an einen persönlichen Teufel und an die Ewigkeit der Höllenstrafen.

einem Tage voll Sonnenschein, als wäre eine Wechselwirkung zwischen unserm Streben nach größerer Klarheit und Reinheit — und der Sonne, welche die dunkle Leuchte unserer äußeren Existenz anzündet. —

Doch auch die Nacht hat ihre religiöse Wirkung und auf mich um so mehr, seit ich durch Herschels Teleskop den Mond und die Sterne sah und erkannte, daß es Welten seien.

Es ist eigentümlich, wie leicht wir die Eindrücke von dem verlieren, was nicht beständig uns vor Augen kommt, — ein Jahr verwischt, ein Lustrum löscht jede Erinnerung aus. Es bleibt wenig Bestimmtes übrig, wir müßten denn unser Gedächtnis zu besonderen Anstrengungen zwingen. Dann stammen die Lichter allerdings für einen Augenblick noch einmal auf, wer versichert uns aber, daß nicht die Einbildung das Licht anfacht? Man versuche einmal, nach zehn Jahren sich der Züge, des Charakters, der Worte, der Manieren seines besten Freundes zu erinnern, — man wird staunen über die außerordentliche Konfusion in seinen Ideen. Ich kann hierüber ganz im Vertrauen sprechen, da ich stets für einen Mann mit gutem, ja vorzüglichem Gedächtnis gegolten habe. Eine Ausnahme bilden allerdings unsere Erinnerungen an die Weiber, die vergißt man ebensowenig (das weiß der Teufel) wie eine der großen Zeitumwälzungen, als da sind die „Revolution" oder die „Pest" oder die „Invasion", oder der „Komet" oder der „Krieg" und dergleichen Perioden, — denn das sind die Lieblingsdaten der Menschheit, die doch auch so manche Segnungen genießt. Diese sind ihr aber zu gemein, um danach ihren Kalender zu konstruiren. So liest man beispielshalber: „die große Dürre", „das Zufrieren der Themse", „der Ausbruch des siebenjährigen Krieges", „der Anfang der englischen, französischen oder spanischen Revolution", „das Erdbeben in Lissabon oder in Lima oder in Kalabrien", — „die Pest zu London oder Konstantinopel", „das gelbe Fieber zu Philadelphia" u.s.w., u.s.w. Nie sieht man aber „die reichliche Ernte", „der schöne Sommer", „der lange Friede", „die glückliche Unternehmung", „die ungestörte Fahrt", — davon spricht kein Mensch mit so großer Emphase.

Nebenbei bemerkt, es gab einen dreißigjährigen Krieg und einen siebzigjährigen Krieg,[140] — gab es je einen siebzigjährigen oder dreißigjährigen Frieden?! Gab es auch nur einen Tag über allgemeinen Weltfrieden? Vielleicht in China, wo man das jammervolle Glück einer stagnierenden, friedlichen Mittelmäßigkeit gefunden. Und ist das Alles so, weil die Natur geizig oder rauh ist? oder weil die Menschen undankbar sind? Das mögen die Philosophen entscheiden, ich bin Keiner.

---

[140] Der Unabhängigkeitskrieg der Niederländer.

Zuweilen zweifle ich, ob Alles in Allem ein ruhiges, sturmloses Leben mir behagt hätte, und doch sehne ich mich manchmal nach einem solchen. Meine frühsten Kinderträume waren zwar dieselben, wie sie fast alle Knaben hegen: — Kriegesruhm; etwas später aber träumte ich nur von Liebe und glücklicher Einsamkeit, bis meine hoffnungslose Leidenschaft für Mary Chaworth begann und, obwohl ängstlich verhehlt, doch bis zu den Zwanzigern dauerte und auch noch einige Zeit nachher. Die Enttäuschung in dieser Liebe warf mich wieder einsam auf eine weite, weite See hinaus!

Auf meinem Wege nach Castri zu der Quelle von Delphi sah ich im Jahre 1809 einen Schwarm von zwölf Adlern und, nahm es als gutes Omen an. Am Tage zuvor halte ich die Verse über den Parnassus im Childe Harold geschrieben und beim Anblick der Vögel bemächtigte sich meiner die Hoffnung, daß Apollo meine Huldigung angenommen hätte. Ich habe wenigstens den Namen und den Ruhm eines Dichters während meines Lebens, d. h. bis heute, von meinem zwanzigsten bis zum dreißigsten Jahre gehabt, — ob das so bleiben wird, ist eine andere Sache. —

— Der letzte Vogel, auf den ich geschossen habe, war ein junger Adler; es war am Ufer des Golfs von Lepanto nahe bei Bostizza. Er war nur verwundet und ich versuchte ihn zu retten, — er hatte so helle Augen! Aber er quälte sich und starb nach wenigen Tagen. Seitdem habe ich nie wieder auf einen Vogel geschossen und will es auch nie tun. —

Bevor ich das zwanzigste Jahr erreicht hatte, wollte meine Mutter in mir eine Ähnlichkeit mit Rousseau entdeckt haben, — auch Madame de Staël sagte mir dasselbe im Jahre 1813, und die Edinburgh-Review hat in ihrer Kritik über den vierten Gesang des Childe Harold etwas Ähnliches behauptet. Ich kann aber keinen Anhaltspunkt für einen Vergleich zwischen mir und Rousseau finden.

Er schrieb Prosa, ich Verse. Er war ein Kind des Volkes, ich bin Aristokrat; er war ein Philosoph, ich bin keiner; er veröffentlichte sein erstes Werk mit vierzig Jahren, ich mit achtzehn. Sein erster Versuch erwarb ihm allgemeinen Beifall, mir das Gegenteil. Er heiratete seine Haushälterin, — ich konnte mit meiner Frau nicht Haus halten. Er glaubte, die ganze Welt wäre gegen ihn verschworen, — meine kleine Welt hält mich gegen sie verschworen, wenn ich nach den Verleumdungen urteilen darf, die in der Presse und in den Cliquen gegen mich laut werden. Er war ein Botaniker, — ich liebe die Blumen, Gräser und Bäume, weiß aber nichts von ihrer Einteilung. Er komponierte Musik, — mein ganzes musikalisches Wissen beschränkt sich auf das, was ich höre. Ich konnte niemals etwas durch

Studium erlernen, selbst nicht eine Sprache, — nur durch Übung, Gehör und Gedächtnis. Er hatte ein schlechtes Gedächtnis, ich hatte früher wenigstens ein ausgezeichnetes. Er schrieb zögernd und sorgfältig, ich hastig und selten mit Mühe. Er war kein Reiter, Schwimmer oder Fechter, — ich bin ein ausgezeichneter Schwimmer, wenn auch kein übermäßig guter Reiter, und ein erträglicher Fechter, namentlich mit dem breiten Schottischen Säbel, kein schlechter Boxer und ein sehr guter Cricketspieler. — Außerdem war er auch kurzsichtig, während bisher bei mir das Gegenteil der Fall ist.
— —

Alles in Allem halte ich mich für berechtigt, den Vergleich für nicht begründet zu halten. Ich sage das nicht, weil ich mich dadurch etwa unangenehm berührt fühle, — denn Rousseau war ein großer Mann und somit wäre ein Vergleich mit ihm schmeichelhaft genug für mich — aber ich finde kein Gefallen an derartigen Selbsttäuschungen. Meine Leidenschaften entwickelten sich in früher Jugend, — so früh schon, daß man mir nicht glauben würde, wollte ich den Zeitpunkt und die näheren Umstände nennen. Vielleicht ist dies eine der Ursachen, welche die frühe Melancholie in meinem Denken herbeiführten, — ich hatte eben zu früh angefangen zu leben.

Meine Jugendgedichte enthalten die Gedanken eines Jünglings, der dem Anscheine nach mindestens zehn Jahre älter war, als das wirkliche Alter, in dem ich sie schrieb, ahnen ließ — ich meine nicht wegen ihres dauernden Wertes, aber wegen der Erfahrenheit, die sich darin zeigte. Die ersten beiden Gesänge des Childe Harold wurden im zweiundzwanzigsten Lebensjahre vollendet und sie machen den Eindruck, als ob sie in einem Alter geschrieben waren, wie ich es wahrscheinlich nie erleben werde!

Lord Byrons letztes Gedicht.

Geschrieben an seinem letzten Geburtstage.
                              Missolonghi, 22. Januar 1824.

„An diesem Tage vollendete ich mein 36. Lebensjahr."

Zeit wär's, mein Herz, Du ruhtest aus,
Da Dir kein Herz entgegenschlägt,
Und doch in Dir, zwar ungehört,
Sich Liebe regt.

Gelb färbt sich meines Lebens Baum,
Der Herbst der Liebesblüten kam,
Mir blieb am Herzen nagend nur
Der Wurm, der Gram.

Das Feuer, das im Busen brennt.
Einsam, vulkan'schem Eiland gleich,
Entfacht den Holzstoß nur zum Weg
Ins Schattenreich.

Fremd ward der Liebe Pein und Lust,
Mir fremd die süße Eifersucht,
Nichts fühl' ich mehr als einzig noch
der Kette Wucht.

Doch sprich nicht also, sprich's nicht hier,
Wo Heldenschläfen Ruhmesglanz,

Der Tod verleiht, — das Leben flicht
Den Siegeskranz.

Rings Schwerter, Banner, Kampfgefild,
Und Griechenland im Ruhmeslicht, —
Der Spalter, tot auf seinem Schild,
War freier nicht.

Wach auf! — nicht Griechenland, — es wacht,
Wach auf, Du selbst, der Ahnen Blut Durchströme
Dich, hol' aus zum Streich
Und führ' ihn gut!

Tritt nieder jede Leidenschaft, Unwürdig Herz, —
was gilt denn Dir
Der Liebe Zorn und Lächeln noch?
Was Schönheitzier?

Klagst Du um Deine Jugend, — stirb,
Dies ist ein Land für Ehrentod!
Ins Feld! und färb' mit Deinem Blut
Die Erde rot!

Hier winkt Dir ein Soldatengrab,
Das beste Ziel, das je man traf,
Schau um Dich, wähl' ein Plätzchen Dir
Zum letzten Schlaf!